于賓診所

同意罷免

顏寬恒
罷免連署站

全面制罷
第二選區
顏寬恒
第三選區
楊瓊瓔
第四選區
廖偉翔
西屯區、南屯區
第五選區
黃健豪
北區、北屯區
第六選區
羅廷瑋
中區、西區
東區、南區
第八選區
江啟臣
新社區、石岡區、和平區
台中稱霸
TAIWAN IMAGE

台灣是台灣人的台灣
我是臺灣人
我反共
護民主
斷滲透
守護台灣
拒絕統戰

大罷免
大成宮
守護台灣
419
拒絕統戰
WORKOUT.
PERFORMANCE

曙光花蓮
守護台灣人
勇敢花蓮人
重生
TAIWAN

# 120⁺萬封

古碧玲・許美華　主編

大罷免運動志工　合著

# 給臺灣的情書

# 目錄

願下一站，通往幸福 新竹舉牌志工 Lydia 136
也許自己還能再多做點事 新竹志工媽媽 EVA 146
「It is my duty.」我們會把臺灣接起來的 竹一罷團志工 詹武龍 158
爲了能夠自由相愛結婚而罷 一位泛性戀的罷團志工 914 176
反抗就是愛：一場在苗栗土地上的公民行動紀實 苗栗罷團志工 Ami 192
小獸醫豁出去，動物診所變連署站 中二小獸醫 Tina 204
我所經歷的一場奇幻民主之旅 南投罷團志工 阿美 216
葉霸，不枉此生 花蓮罷傳的關鍵一扯 花蓮 葉春蓮＋林清盛 228
我們都在等，可以安心回家的那一天 加拿大 山人教授、楓起來罷爆志工 242
來自亞利桑那鳳凰城的情書 美國AZ虱目魚小隊志工 250

【緣起】

# 志工都是狠人

英雄不一定都穿披風，每一位公民變身成爲站在街頭的志工，都有值得探究的心路歷程。 如果你靠近看他們的面龐、傾聽他們的聲音，就會知道，每個志工故事都是一本書。

二〇二五年的這場大罷免，將是一場改變臺灣公民社會樣貌的巨大行動，它讓無數臺灣公民認出彼此，找到戰友，也將永遠改變參與其中這群人的人生路徑與意義。

許美華

志工都是狠人！

這裡說狠人，當然是無上的崇敬和褒獎。因爲我不敢說自己也做得到。

## 像拼圖一樣，拼出這場前無古人的大罷免運動

二〇二五年發生在臺灣的大罷免運動，是一場在全世界民主政治發展中史無前例，令人震撼的公民運動。其參與規模之龐大、動員能量之豐沛，尤其是成千上萬自願投入這場運動的志工，以難以想像的強大意志力，堅忍卓絕的投入一場勝算難卜的社會運動，無數讓人動容的場景，像拼圖一樣，拼出這場前無古人的大罷免運動。

臺灣有一大群，以百萬做單位的公民，正在改寫臺灣公民社會的新面貌。其中，到處舉牌、擺攤、隨機出現被稱爲「小蜜蜂」，以各種方式收集連署書的志工，保守估計，可能超過萬人。

這一萬個不拿錢卻拿命在拚的志工，就是撐起這場大罷免的最大力量。

每一位參與大罷免的志工都知道，這件事，從一開始，就是極度困難的任務，不知道可以走到多遠，更不知道會不會成功。每天出門舉牌收連署書不只是辛苦，還是個冒險。冬天很冷，夏天很熱，下雨天路上根本沒有人。雖然經常收到熱情打氣，但無時無刻都要做好心理準備，羞辱跟惡意隨時可能從四面八方冒出來，從眼神、言語到人身攻擊。

每天最重要的唯一任務就是收連署書，逢人就厚臉皮地問，「要不要連署？」，有機會解釋都是值得感恩的好事，被無視、被拒絕、甚至被辱罵都是家常便飯。每天跟連署書數字賽跑。這樣的罷免志工人生，不是一天兩天的體驗活動，而是持續幾個月，甚至超過半年，日復一日。

每天都要承受辛苦挫折、而且不知道最後會不會成功，每晚疲累睡去，第二天還是決定繼續前行。這樣的志工人生，我經常自問，「我能夠跟他們一樣，不斷忍受無休止的各種辛苦、挫折、羞辱、攻擊嗎？」「我能夠面對嗎？」「我願意承擔嗎？」老實說，我沒有把握。

## 沒有從天而降的英雄，大罷免只有挺身而出的凡人

如果可以有歲月靜好的人生，爲什麼要選擇站上街頭、忍受辛苦羞辱？這是這場大罷免，我最想問每一位志工的問題。

經過二〇二五年的這場史無先例的大罷免，我對每一位站出來的志工，只有五體投地的佩服與尊敬。

上百萬人在短短幾個月倒數計時的時間裡一起書寫，寫下守護家園的誓言，爲臺灣寫下我們永世自由民主的情書。

在這個集體書寫的過程中，就是靠著至少上萬名被稱爲志工的平凡狠人，收集到超過一百二十萬件的連署書，一起完成了這件幾乎不可能的任務。

非常幸運地，十年前我參與了反紫光，十年後再度入陣、投入大罷免；兩場運動的本質相似，都是對抗中國壓迫，但面貌卻完全不同。反紫光運動雖然有一小群換命戰友，但整個過程大逆風，一路上非常孤單無助；大罷免運動雖然依舊辛苦疲累，但我卻經常被幸福感動包圍，因爲臉書「許美華」帳號，在罷免運動中意外成爲支援罷團的課金平臺，每天接觸的都是可愛的課金粉絲，還有無數站在第一線的熱血志工。

因爲「許美華」這個角色，讓我有機會跳脫原本舒適靜好的生活圈，認識、看到了來自四面八方、不同領域的志工，也讓我因此有幸參與、見證許多凡人挺身而出，化身爲大罷免志工的奇幻人生歷程。

## 給我看她兩歲小孩，在汽車後座娃娃椅上睡著的照片

因爲在罷團跟課金粉絲之間，搭起大罷免課金平臺，我認識了來自全臺灣各

地，許多不同選區的志工。

其實，回頭看我跟罷免志工們的深厚緣分，其實早在一年多前的青鳥行動就結下了，她們是一群以竹科年輕媽媽爲主力的女生，而故事的開始，來自Eva。

二〇二四年的五月，當時因爲藍白提出國會擴權法案引燃第一波青鳥行動。我收到一個陌生帳號的訊息，是一位住在竹科附近的年輕媽媽Eva，有兩個還沒上小學的小孩。

「我不能去臺北，但可以在新竹舉牌讓大家知道。」

她給我看她的舉牌照片，我說哇！好厲害⋯

「舉牌是我臨時自己在家印的A４紙而已。」

「第一天我在新竹市公道五路上的B＆Q、愛買這邊舉牌。」

問她怎麼會想到要出來舉牌？

「我會這樣做，是受到一位參與過太陽花學運的媽媽 Lydia 啟發。總統大選前，她在新竹高鐵舉牌，我有去聲援，這樣認識，我就開始自己出來舉牌。」

Eva 說：「我口才不好，不然我就拿麥克風在人潮眾多的地方街講。」

Eva 說：「你的故事很感人，我會盡量記起來。」她說的「我的故事」就是奇遊團十年前反中資紫光的抗爭行動。

「今天我在中原大學舉牌，但小孩在吵，我只待了一下。」

她給我看她兩歲小孩，在汽車後座娃娃椅上睡著的照片。

看著那張照片，讓我眼眶泛淚。

一位竹科年輕媽媽 Eva，讓我看到臺灣人的韌性和堅強！

## 她們是我看過最厚臉皮的一群

第一次寫 Eva 舉牌之後，當天立刻收到兩位同樣是竹科年輕媽媽的私訊，說她們也想加入 Eva 舉牌行列，於是我把這兩位竹科媽媽私訊我的故事寫出來，後續又有更多新竹的年輕媽媽跟我聯絡，於是我在確認她們來意良善、不是假帳號，再做了一些身分查證之後，我把這群焦慮臺灣前途、急於想要找到夥伴的年輕媽媽或是職場女生，透過 Eva 拉成一個群組，很快地，Eva 的舉牌行動，從一個人，變成一個將近三十位女力、戰力堅強的群組。

因爲曾經爲這個群組的每一位成員牽過線，我對這個因爲 Eva 而聚集的年輕媽媽、女生群組有種特殊的感情。我知道她們每一位的焦慮和熱情，我也知道她們有想法、有決心、有行動力，在需要公民出力的時候，她們絕對是最值得信賴的戰友。

果然，從一階開始，她們自己印罷免傳單、發文宣面紙，聚集在一位志工媽媽家裡，帶著各家的大大小小，一起做家庭手工業，把文宣、連署書跟教人怎麼塡連署書的防呆版折好，打包成一包一包的連署包，機動組隊幾個人一起出去當小蜜蜂，除了街頭，新竹人散步健行的重要地點、十八尖山是她們最常去掃街的重點。

她們看到我的粉絲肯尼發起臺北LED宣傳大卡車後，也很快跟進，先自己揪團，後來資金不夠才來跟我求救，前後幫新竹市、新竹縣兩個選區，聯絡了好幾輛宣傳車，路線甚至跑到桃園，眞的很有執行力。

除了Eva，還要很愛叫我老大的Yushan、叫我學姐的嵐，經常跟我報平安。她們說群組的大家都很努力，每個人都好優秀，懂好多不同的專業，不管需要什麼都有人舉手說「我來」；過了一段時間，回報的訊息有點低落，因爲有人家裡有壓力、有人身心太累了，要暫時退到第二線，但她們要我不用擔心，說群組夥伴們士氣很高，都會自動互相支援、塡補任務空缺。

我真的從來沒有擔心過她們，她們是最堅強的行動團體，總是做彼此的後盾。經常收到她們傳來的志工日記，「今天又碰到一直亂罵人的阿姨，我們人多就罵回去」、「去市場拉高虹安、鄭正鈴的罷免連署書，碰到攤販說要罷免賴清德，我們就說好啊請加油，結果旁邊攤販都笑了」。我常開玩笑說，她們是我看過最厚臉皮的一群，其實，這句話代表最高的稱讚，為了無關自己的私利而「厚臉皮」需要強大的驅動力量，背後是無比堅定的信念和勇敢。

## 三個月前因為被驅趕大哭三天，三個月後勇敢站出來

當然，能夠一路走到「厚臉皮、笑罵由人」，絕不是輕鬆的過程。每位志工狠人都經歷過難以對外人道的心路歷程，那種自我進化、身心變強的過程，只有同樣走過的志工互相才能夠理解、同感。

Eva 講起話來還是輕輕柔柔，但她已經不是一年前那個怯生生的她了，曾經

暫退休息的她，沒有沉澱太久，看到竹一、竹二缺人，又趕著出來支援志工戰力。因爲每天只有早上的時間可以出攤，她就跟臨時編組的夥伴一起當小蜜蜂，竹一徐欣瑩選區二階送件前，眞的很艱難，有時候一個早上跟幾個夥伴走幾個小時。收穫只有個位數字的連署書，Eva跟臨時組隊的夥伴還是繼續相約，「希望明天沒下雨好天氣，我們可以再多衝一點連署書。」

南投阿美的馬文君選區也是超級艱困，很多人畏懼地方鄰里之間的壓力不敢出來簽連署書。二〇二五年五月初，南投第一選區罷免馬文君罷團終於在最後一刻壓線送出二階連署書，阿美在現場、手上拿著一張紙牌，念出紙牌上的文字，就是南投志工團一直爲彼此打氣的內心話，也感動了無數人：

「你害怕的，我也會害怕，不如，我們一起勇敢！一起改變！」

其實，就在三個月前，二月初的一階送件前夕，南投阿美才因爲在埔里酒廠路易莎咖啡擺攤被驅趕連哭了三天，二階送件前幾天又被路人飆罵大哭，之前一直低調的她，最後終究還是鼓起最大勇氣站出來了。

送件前夕跟十二位罷馬志工一起熬夜造冊的阿美，因爲第二天送件時被推派要對外公開發言，心情緊張的傳來：

「明天我會去，也會講話，我不會戴口罩、包得像木乃伊一樣。」

「等於要曝光了。」

當天半夜一直收到阿美即時更新的訊息，三點時看到她說：「感覺離造冊完成還看不到盡頭。」

我：「天啊不會直接去送件了吧嗚嗚嗚。」

然後一早起來，看到她留了一個訊息「五點了」。

果然，阿美跟團隊戰友一路熬夜到天亮，一夜沒睡，眞的直接去送件了。

阿美一直擔心自己講得不好，我打開新聞畫面，就看到那個已經在網路河道上被瘋傳，三十個小時沒有睡覺、南投阿美講話的片段……

網路好多人都留言說，聽到眼淚快掉下來，那一刻，眞心爲阿美感到驕傲。

如果大家知道身在南投肅殺氣氛中的她們，面對周圍不友善的目光跟壓力有多麼害怕，就會知道志工們有多堅強、勇敢。

## 拿下口罩、露出面容的勇敢女生們

阿美是位老師，許多學生認出記者會上的她，在網路開心留言，「這是我的高中老師，眞的超讚，感到驕傲。」

個性一向溫和低調的阿美，人生從來沒想到，有一天會成爲衆人討論的焦點。但是，爲了守護家園的使命感，她這次眞的拚命了。

阿美說當天下午去超商，超商的店員跟我說，「老師，我昨天有看到你耶！你很棒！」、「害我一直傻笑。」

收到許多鼓勵的背面，在太陽照不到的地方，還是烏雲籠罩。

就在投一志工團送件當天，馬文君說「她（對罷團）的尊重與包容到此爲止。」還說她接下來要進入戰鬥的狀態，她要阻止「搗亂南投、禍延全國的黑暗企圖。」南投阿美跟志工團夥伴聽到這些雖然還是會害怕，但她們已經不是幾個月前的那群人了，她們互相打氣、會一起勇敢下去。

爲了鼓勵會害怕的大家一起勇敢，拿下口罩站出來面對社會大衆目光的，還有黑影幢幢的新北羅明才罷團發言人琪琪，是個年輕女生。

進入二階深水區，跟時間賽跑，許多選區的連署書進度告急，新北罷免羅明才的「拔羅波」團隊也是其中之一，在一場街頭造勢活動中，琪琪講到哽咽，最後勇敢拿下口罩，那個畫面，震撼感動了許多人。

爲什麼琪琪會這麼激動？因爲從一階開始，羅明才選區的志工、連署據點、友善店家，就一直被地方暗黑勢力恐嚇、脅迫、阻撓，志工團隊一路在恐懼之中辛苦奮戰。琪琪拿下口罩的那一刻，彷彿像在對地方政治黑勢力宣告：「你再也嚇不了我了！」

其實，就在琪琪拿下口罩的前幾天，另一位在新竹舉牌多時的 Lydia，也在臉書貼出清楚面容的舉牌照，向世界宣告：「我豁出去了！」

Lydia 就是我的粉絲、個性害羞內向的新竹媽媽 Eva 所說，那位啟發她站出來舉牌的新竹媽媽。

因爲我在接近一年之前，第一次寫 Eva 舉牌故事時，曾經寫到 Lydia 的名字，因此，當我在河道上看到好多人分享 Lydia 微笑舉牌照片時，第一眼就認出她了。

當下覺得好感動，默默地在 Lydia 那篇發文下按下加油的愛心符號，沒想到，因爲那個表情符號，第二天一大早，「許美華」臉書帳號就收到來自 Lydia 的交友邀請，我知道，Lydia 也認出我了。

我在臉書寫 Eva 自己推著娃娃車去舉牌的故事，感動了許多人，後續發生了一連串意想不到的美好劇情。包括 Eva 從一個人變成一群夥伴團體；一年後我跟 Lydia 因爲她再次出來舉牌而相認；之後又因爲我寫南投阿美在馬文君選區的艱辛挫折，Lydia 特別到南投爲阿美打氣，兩個從來沒見過面的媽媽，就這樣在南投街頭淚眼相見。

## 讓無數臺灣公民認出彼此，找到戰友

不只琪琪、Lydia、南投阿美，我有幸參與的志工故事，還有在化療中的苗一領銜人 Ami；面對最多小草卻仍然積極樂觀厚臉皮的新竹志工媽媽 Yuahan 跟小夥伴們；還有跑鐵人三項的金融業主管肯尼，率先發起臺北 LED 宣傳車，最後到處揪團支援艱困選區變身鐵人志工；還要用自己動物診所做連署據點的中二志工獸醫 Tina；十一歲的港湖除銹志工女孩睿睿；幅員廣大只有一百多位志工，卻衝出超過安全目標一次過關的新北汐止廖先翔罷團；還有人在海外依舊掛心臺灣，到處擺攤收連署書的加拿大溫哥華UBC山人教授；來自亞利桑那鳳凰城的情書；竹一最後壓線送件卻在終點線前功敗垂成的故事……。

英雄不一定都穿披風，每一位公民變身成爲站在街頭的志工，都有值得探究的心路歷程。如果你靠近看他們的面龐、傾聽他們的聲音，就會知道，每個志工故事都是一本書。

這次大罷免的志工狠人無數，這本書的篇幅有限，只能用十幾篇故事，約略描繪出第一線志工的圖像。

二〇二五年的這場大罷免，將是一場改變臺灣公民社會樣貌的巨大行動，它讓無數臺灣公民認出彼此，找到戰友，也將永遠改變參與其中這群人的人生路徑與意義。

許多故事，一個牽引著另一個，這些劇情之間的串聯碰撞，一開始誰能想得到呢？而我就在一旁看著、參與這一切，我常想，是什麼樣的人生緣分把我們牽扯在一起呢？

最後，我想向每一位大罷免志工致敬：「你們都是狠人！」臺灣正在寫歷史，你們是其中最讓人驕傲的篇章，「能夠成爲你們的戰友，是我一生的榮幸！」

【推薦序】

# 選擇在乎：在街頭與內心作戰的志工精神

我們不是英雄，但我們選擇了不冷漠。我們只是搭上一班開往正義的高鐵，和其他人同行。方向對，就同行；方向錯，就下車。這個選擇不需要偉大，只需要誠實。

李忠憲

最近再度翻開《小王子》，那句經典話語像一道光，穿透街頭烈陽底下志工們揮汗的身影：「眞正重要的東西，用眼睛是看不見的。」這句話久久盤旋在我心中。不是因爲它詩意，而是因爲它在現實中找到了回聲，那些站在馬路口、手持看板、被冷眼與辱罵包圍的志工們，才是眞正選擇看見了「重要的東西」的人。他們用自己的身體，在烈日與風雨中，定義了什麼叫「選擇在乎」。

大罷免運動看起來像一場政治行動，但走進它的核心，卻發現眞正令人動容的，不是政黨、口號或策略，而是一群人，一群選擇相信這片土地還值得守護、選擇用行動證明理想仍然存在的人。

這不是一場憤怒的暴走，而是一場內心的修煉，與自己作戰的過程。從最初的情緒衝動，到深層的信念選擇，每一位志工走過的路，都像追求人生意義的內戰。

## 從衝動到自律：選擇不是因爲情緒，而是因爲清醒

不少志工一開始是因爲憤怒才走上街頭。他們看見荒謬、看見侮辱、看見謊言橫行，忍無可忍地站出來。但憤怒終究是瞬間的燃燒，不能成爲長跑的燃料。眞正支撐他們長久堅持的，是一種從「激情」淬鍊爲「情感」的力量。

這種情感，是對價值的執著，是對土地的眷戀，是對未來的責任。他們開始寫文宣、宣講、舉辦說明會，不是因爲要發洩，而是因爲願意承擔。這不是一時衝動，而是一種自律的行動，一種清醒的選擇。

就像跑者每天踏出八分鐘一公里的腳步，看似緩慢，卻日積月累，累積成兩萬公里的堅持。志工的行動，也是一種看似平凡卻極爲罕見的持續投入。他們沒有要改變全世界，但他們願意改變自己在這個世界上的姿態：不再冷漠。

## 從同理到同情：理解是連結彼此的起點

社會上有許多人不理解志工爲何如此堅持。他們質疑：「你是不是拿錢的？」或嘲諷：「那不是政黨的事嗎？」但這些聲音，其實揭露了更深的悲哀，是無法相信「純粹付出」眞的存在。

志工們的動力，很多來自內心深處的恐懼：怕臺灣失去自由、怕孩子未來活在極權統治下。他們的堅持，是出於保護的本能，而非鬥爭的欲望。眞正的同情，來自願意理解別人的恐懼與夢想。而這份理解，是公民社會最重要的連結。

我想起一段我之前廣爲流傳的話：「我支持大罷免，不是爲了報復，而是爲了說清楚：當眞誠與理性被消費，當謊言變成表演，沉默就等於共犯。」支持不是爲了黨派勝負，而是因爲不願讓價值悄然淪陷。

## 專注即是愛：志工不是烈火，而是星光

許多志工展現出一種極爲珍貴的情感品質：專注。他們不是曇花一現的熱血青年，而是長期守候的沉靜力量。他們每天上街、重複講解、忍受冷言冷語，卻沒有一絲怨懟。

這種愛，不是劇烈燃燒的火焰，而是穩定閃耀的星光。正如小王子對玫瑰的愛，不是因爲它特別，而是因爲「我馴養過它」。志工們馴養的，是他們對臺灣的想像、對公平正義的信念。

你無法對你深深關心過的事物轉身離去。就像我無法停止跑步，哪怕八分速再慢，只要每天出發、每天完成，就是我對自己的承諾與自由。

## 志工與奴隸道德：一場價值的對決

有人質疑志工：「幹嘛這麼熱血？反正你也改變不了什麼。」這種質疑，正如尼采所說的「奴隸道德」，無法理解崇高的人，只能否定它的存在，好像自己脆弱的價值觀得以安慰。

但志工的存在，反而成為一種無聲的控訴。他們讓那些選擇冷漠的人看見：原來這世界上還有人願意為純粹的理念付出。他們提醒我們，我們原本也可以是那樣的人，只是我們選擇了逃避。

尊嚴不是權力的炫耀，而是在無人喝采的時候，依然選擇堅持。

## 與自己作戰：成熟的勇氣不是不矛盾，而是不逃避

我們每個人都有過內心的拉扯。想站出來，又怕丟臉；想舉牌，又怕被笑。這不是膽小，而是人性。我們不需要完美，只需要誠實。

與自己作戰，是一輩子的課題。從衝動，到矛盾，到最後的行動，需要時間，也需要勇氣。我們要學會控制「想做卻不該做」的衝動，更要學會「明知困難卻仍願做」的堅定。

我們的內在並不總是整齊劃一，有時候，我們同時相信兩件矛盾的事。但正因如此，才需要我們反覆思考、辯論、行動。真正的成熟，不是消滅衝突，而是與衝突共處，仍能前行。

## 選擇在乎：這是我們給臺灣的承諾

這場罷免行動，不一定會改變選舉結果，但它早已改變了我們對彼此的認識。它讓我們知道，在同一片天空下，還有那麼多人，願意爲同一個未來努力。

我們不是英雄，但我們選擇了不冷漠。我們只是搭上一班開往正義的高鐵，和其他人同行。方向對，就同行；方向錯，就下車。這個選擇不需要偉大，只需要誠實。

我永遠記得十年前反對中國紫光集團入股臺灣ＩＣ產業，內心那股「我不能什麼都不做」的驅力。現在也是如此，我知道我選擇的是一條辛苦的路，但我沒有逃避。

「我現在拿筆，將來也願拿槍」的臺灣志工，他們不是在追求榮耀，而是在實踐一種意義。他們不完美，卻勇敢；不強大，卻眞實。

## 快樂不是逃避痛苦，而是明白自己爲何而站

有人說，在烈陽底下站在街頭是痛苦的，是吃力不討好的事。但如果你問那些志工，他們多半會說：「我知道我爲什麼在這裡。」這樣的快樂，不是外界給的掌聲，而是來自內心的篤定。

人生不需要做什麼大事，才算有成就。能成爲一個平凡而幸福、誠實又有方

向的人，已經非常重要。而這些站在街頭、冒著被罵風險的志工們，正是這樣的一群人。

他們讓我們相信，臺灣還有希望，還有人在乎。因爲他們選擇在乎，我們的未來，才不會無聲地淪陷。

連署活動

趁我們還可以
寫下對台灣的愛
來簽二階連署吧！
RAM-2831

# 一輩子最低聲下氣
# 卻是最驕傲的一段旅程

公民用ＬＥＤ車這種規模，來宣傳政治理念，應該是有史以來頭一遭。

這輛大罷免帥氣的卡車不負使命，得到了許多鎂光燈的注意，但更重要的是，「喚醒本來不關心政治」，就像過去的我那樣的一群人。

肯尼
LED宣傳車
帥卡募集者

二階連署收件 本週截止
二階不過，

## 「提高罷免門檻」觸動敏感神經

我曾是一個幾乎不關心政治的人，但卻在不到一年的時間裡，做了無數過去想都想不到的事。我是第一個在臺北號召發起LED變形金剛帥卡宣傳的人，自此以後，我成了很多人公認的罷免急先鋒。

過去的我，總認爲檯面上不管什麼顏色，都是爲了爭取鎂光燈而你爭我奪的政客，一般市民不在其中的利益漩渦，也就無從得知爭議的原來面貌。當年抱著這種想法似乎樂得輕鬆，但現在回想，其實就是冷漠，而我終於在去年開始理解，對政治冷漠的後果，就是被一群糟糕的人統治。

二〇二四年，我看到了藍白兩黨開啟一連串想要癱瘓政府的提案，最讓我不能接受的就是「提高罷免門檻」。

爲什麼這件事觸動我的敏感神經？我們選出立法委員，代表我們行使權力，萬一這個立委不適任或背離我們的意志，胡亂行使權力甚至濫用權力，我們當然可以收回賦予他的權力，這也是我內心嚮往的民主方式；若是任何一個政黨提出要提高罷免門檻，其實就是變相剝奪我們人民的權力，未來一定會發生無法遏止民意代表擴權的行爲。

就在這樣的不安情緒之中，我發現有許多想法和我雷同各行各業的朋友，但平常沒有一個討論的平臺，因此我突發奇想，成立了一個群組，名稱就叫「原來XX都在」。從一開始不到二十位，主要是我的政大校友，到後來聚集了上百位理念相近的朋友，開始分享立法院又提了哪些法案、修了什麼法，尤其是藍白又提了什麼毀臺亂政的法案？對我們有什麼影響。

## 用LED車宣傳政治理念　史上頭一遭

群組成員每天不斷討論、激盪想法，大罷免的風潮也剛吹起，我開始想要行動。

就在二〇二四年十二月的某一天，我站在信義區的街頭等紅綠燈，突然有一臺宣傳電影的超大型卡車從眼前慢慢駛過，是那種有著超高畫質的ＬＥＤ螢幕，還有震耳欲聾的臺詞和音樂，上面播放某位女藝人醫美的成果，當然不免俗的還有各種方案，有電波拉皮也有鳳凰拉皮等等，廣告效果真的引人注目。我突然靈機一動，想來試試把罷免廣告放在這輛ＬＥＤ車上！

我就站在馬路上，立刻用ＬＩＮＥ問幾位朋友廠商哪裡找，好不容易找到後，對方回覆價格，我心中一涼，原來這樣規格的的宣傳大卡車，跑一個星期要價臺幣三十多萬。

然而，我腦中立刻浮現從藍白五月開始所提的爭議法案，幾乎都是有利於中共和國民黨的結合，我們這次再不守下來，中共將長驅直入，我們的下一代就要憂心活在集中營、活摘器官、到處被監視、活在沒有自由的地方了；這次我不做些什麼事，以後也沒有機會了。

於是我厚著臉皮在群組內拜託課金哥哥姐姐，沒想到大家二話不說，一筆筆贊助聚沙成塔，在短短兩天內，就籌到了人生中第一輛罷免帥卡！

廠商說，公民用LED車這種規模來宣傳政治理念，應該是有史以來頭一遭。

經過三個多星期的發想和設計，這輛獨一無二的罷免帥卡就在二〇二五年一月十四日中午，在信義區開跑了。

## 解決不了問題，就直接解決提出問題的人

那天心情非常激動，總覺得不能辜負每位課金友人的期望。其中有些人贊助資金，卻因爲工作關係要求不具名他們是金融業高階主管、製造業PM、中小企業負責人、醫療業銷售經理、科技業高階主管等，這些人只有一個共同信念——爲了民主和下一代，不管需要付出多少代價，就是要把亂提濫權法案、濫

刪預算的藍白立委給拉下來！

這輛大罷免帥卡不負使命，得到了許多鎂光燈的注意，但我認爲，更重要的意義是，「喚醒本來不關心政治」就像過去的我那樣的一群人。

從一月開始，我們這群人持續努力，罷免卡車不斷增加。跑了大安區，爲了罷免沒有料的羅智強；跑了松信區，爲了罷免惡行惡狀的徐巧芯；跑了中山區，爲了罷免常上共匪央視的王鴻薇；跑了港湖區，爲了沒有交代清楚美國房產的李彥秀，以及我自己的選區文山南中正，爲了罷免濫刪國防預算的嘎啦嘎啦賴士葆。

我永遠記得在一月中宣傳大卡剛上路時，大安區的國民黨立委羅智強，還發文造謠我們收政黨的錢辦事，我立刻在他的臉書秀出我們的收據並公開下戰帖，「請羅智強證明我是任何政黨的黨員，若是，我立刻捐一臺大卡七天費用三十三．六萬給兒童相關公益基金會，若無法證明，請他登報公開道歉」。身爲立法委員，應該要對自己的言論負責，但羅智強的反應是，立刻在臉書封鎖我，讓公開可受公評的論述被消失了，這就是一位在野最大黨的小黨鞭行徑，「解決不了問題，就直接解決提出問題的人。」

## 光束車雷射光射向天空

宣導罷免賣臺藍委的LED宣傳車，除了在臺北市各區走透透外，也開始支援許多外縣市選區。爲了增加罷免曝光度，讓更多民衆看見我們的國會到底發生了什麼事，我跟戰友群組籌備兩個月，做了「秦檜中指車」還有「光束車」。

「秦檜中指車」載著國會罪魁禍首傅崐萁和「中指戰狼」徐巧芯的超大人偶，直搗黃龍開去傅崐萁本命區的家園，讓花蓮人看看這些年來，傅崐萁如何糟蹋美麗的花蓮；同時，受到蝙蝠俠的啟發，我們做了一輛「光束車」，在晚上可以將雷射光射向天空，走遍臺北市區的大街小巷，民衆遠遠就能看見一道光芒，就像呼喚希望與奇蹟的光！

二階結束前，中指車和光束車的最後任務是開往彰化謝衣鳳的本命區，這裡是全國志工重兵救援的超艱困選區，希望讓彰三民衆看見外地人八方馳援的心意。雖然最後彰三還是沒能出現奇蹟，但我們一起拚盡全力，沒有遺憾了。

寫這篇文時，回顧一月中以來的五個多月，我們出動了將近二十輛大大小小的罷免帥卡，集結了無數人的課金。其中，有老師贊助月薪、有地方媽媽跟小孩商量拿零用錢來贊助、有企業主直接大方認領一臺車跑七天、有人透過某些前輩直接來我工作的地方找我⋯⋯，其中的故事說也說不盡。

## 從沒看過這麼多人如此大規模的「願意」

這些人不分職業、不分彼此、不分黨派，最常跟我說的就是「爲了臺灣，我想做些什麼！」我從沒看過這麼多人如此大規模的「願意」，不只有許多論述，令人最感動的是，願意爲彼此再多做些什麼！

除了出動罷免帥卡，已經荒廢鐵人三項運動多時的我，在四、五月間，召集群組夥伴組成志工團，開始支援艱困選區，到處幫忙舉牌、掃街、拉連署，遇到民衆就喊「歡迎來連署罷免」、「拒絕中共飛彈繞臺」、「剿匪滅共」、「罷免國民黨就是拒絕共產黨」，一路鞠躬拜託路過的民衆，過程中收到很多鼓勵，但也遭受不少謾罵、羞辱、甚至肢體攻擊。

剛開始還不太習慣被罵，但很快就處之泰然不在乎了。每次出動當小蜜蜂時，我都想，只要多一個人願意寫連署書，我們被罵都值得了。

那段時間，我眞的是把過去練鐵人三項的精力，全部拿來當罷免街頭志工。除了自家附近的文山區、新店區，還走過花蓮、臺東、新竹、彰化。只要聽到哪個罷團有難求教，我們就往哪裡衝！

## 不拿錢、卻拿命在拚大罷免

以下是最後關頭，支援彰化謝衣鳳罷團的一天志工日記。現在回頭來看，還是歷歷在目。

前兩天才請假揪團去竹一支援，那天成績不錯，收了二十二張連署書。

彰化很艱難，我跟夥伴團跑了一天收穫很差，只收到「六點五張連署書」，「真的沒幫到什麼，但到了當地才知道什麼是恐懼的氛圍，上了一堂很寶貴的公民課。

那天早上，從臺北五點出發，八點半回到家，耗時十五點五小時。

總共九個人，包括律師、中小企業負責人、金融業高階管理人員、銀行高階人員、建築設計業、運輸管理業以及醫療業。有人住木柵、有人住板橋、有人住高雄。

大雨滂沱，挨家挨戶走了快十公里，遇到了六隻鵝，四隻兔子，數不完的狗狗……遭受到不計其數的「免啦，我不敢簽……」

我們這群人自己花的成本是：接送交通費、三餐費用、家庭時間，以及願意拿假日休息時間來努力。

最終，我們只收到「六點五張連署書」，其中六張，花了許多時間說明和說服。

那零點五張是因為連署人不敢當場簽，只願留下電話號碼，希望我們打電話給他再約時間，在隱密地方交付。

而這些事是這幾個月來，每一個罷團志工每天在做的事情，不斷付出、幫忙互補、自告奮勇。爲什麼這麼多志工不拿錢、卻拿命在拚大罷免，這是藍白永遠不會理解，也不願相信的神奇力量。

那段時間，應該是我人生中被罵最多次的時候。平常在工作時總是扮演主管的角色，被罵還要說謝謝，這樣的角色逆轉，力度不可謂不大！

## 專程飛一趟巴黎，帶回兩百份連署書

四月初，我拜託在法國巴黎的朋友，幫忙號召收集連署書，想說能愈早拿回來愈好，因此我和夥伴飛了一趟巴黎，把在歐洲各處，包括德國、英國、法國、土耳其、瑞典、西班牙、馬爾他等地，高達兩百份、海外臺灣人一筆一劃寫下的連署書帶回臺灣。在國外的友人多麼希望能保護自己的母親——臺灣，有些朋友還在連署書上附上紙條，「謝謝你，一起守護臺灣」、「一定要贏」、「敬民主自由」，我都保留下來，捨不得丟掉，因爲那是多麼寶貴的共同信念啊。

但是，在那段期間，我也嘗盡人情冷暖，一些平時要好的友人，面對中共侵略威脅採取冷漠、甚至不想觸碰的態度，假中立、假裝不關心政治，讓我很受傷。這就是中共最想要我們展現的樣子，這就是極權政體壓制影響人民的結果！

動筆的那天，剛好是二〇二五年六月四日，八九六四當年九歲的我，卻到三十六歲後才明白什麼是自由。還記得當年聽到的歌詞：

「蒙上眼睛，就以為看不見；

捂上耳朵，就以為聽不到。」

## 屈辱過後，你仍得面對戰爭

也許民主這條路很辛苦，會遭遇許多困境，甚至內心也會動搖，是不是乾脆默不作聲，面對威脅利誘是否俯首聽命算了？

但看到這麼多前輩犧牲了，依然有愈來愈多人站出來選擇對抗極權。西藏圖博、新疆維吾爾以及已失去光彩的東方明珠——香港，都示範給我們看過了，永遠不要相信共產黨，連標點符號都是。

二戰英國首相邱吉爾的名言：

「在戰爭與屈辱面前，你選擇了屈辱！可是，屈辱過後，你仍得面對戰爭！」

這一次的大罷免不是政黨之爭，而是滅共之戰。發起大罷免的我們，就是告訴全世界，無論哪個黨派執政，當臺灣的生存受到威脅，身爲臺灣人的我們都會選擇站出來。

這就是大罷免震撼人心的能量。

# 這些平凡人，選擇不平凡地生活

這不是一場充滿吶喊的運動。這是一群人默默說話、靜靜行動的旅程。他們走進市場、社區、巷弄、捷運站出口，一天五、六場的快閃行動，只爲讓更多人看見——我們還有選擇。

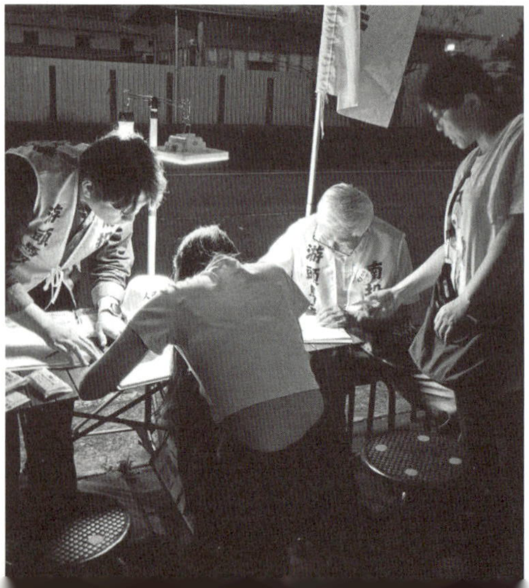

辛西亞
文山退葆志工

## 貼出需求，總會瞬間被搶走

這裡有一群人，出身不同，卻願意爲了同一件事站上街頭。

有人是剛退休的老師，把備課時的細心變成資料整理的精準；

有人是癌症病友，即使身體虛弱，也堅持在連署站坐上一整個下午，「我這樣才不會後悔。」

有人是上班族，趁午休時間衝去設點，下午再默默回公司開會；

也有大學生，一邊準備期末報告，一邊發傳單，練習怎麼向陌生人開口。

有人擅長說服，三句話就能讓民眾塡下連署書；

有人靦腆，但默默收件、整理、分類，不會缺席；

有人有交通工具，可以快速支援；

有人只有雙腳與一卡通，卻從不缺席，只說：「我有公車。」

他們是不一樣的人，動機也不相同——

有人是因爲失望，有人是因爲希望；

有人想爲孩子鋪路，有人只是單純不願再忍耐。

爲了協助偏遠或年長居民完成連署，文山退葆很早就啟動了「罷免小蜜蜂」行動，由我負責串聯。

群組裡，只要有人貼出需求，總會瞬間被搶走。有些人甚至會私訊拜託：「下次有我家附近的，請先傳給我，我在群組都搶不到。」

## 是行動裡流動的信任

他們彼此之間的互動眞誠可愛。

志工A：「超跑，你眞的有在上班嗎？」

志工超跑：「有啊，給你看我辦公桌的照片。」

有次超跑對一個任務喊：「接！」

志工A：「你有機車嗎？」

志工超跑：「沒有，我有公車。」

這不是玩笑，是行動裡流動的信任。

但我們也不是永遠堅強。

某個星期六，在立法院深夜突襲通過禍國法案的隔天，在友善店家思享森林設立連署點。兩小時，只有四位民眾來填寫連署書，氣氛冷清，感到沮喪、憤怒、無力。這時期已經過了連署的蜜月期，待在位於二樓的思享森林，星期六的上午，連署的冷清感令人焦慮。

那時也正是國民黨「死人連署」事件開始曝光的時候，一切都那麼荒謬。如果他們捍衛價值跟信念的決心和我們一樣強大，上街頭去擺攤啊、上街頭去宣講，用眼神、用聲音去說服、去找到跟他們相同立場的人，總會簽到連署書吧！

## 不是爲了報復，是爲了捍衛

強烈的憤怒與無力感，讓我無法安靜地坐在店裡等民眾上門。我穿起背心，用手邊的材料做了一張手板，決定下樓去，在人行道上成爲一個安靜的行走招牌，哪怕只多一點點的曝光機會、只多一點點的能量去擴散訊息，我也要把握。

有志工路過，拍下我在路邊舉牌的照片傳到群組，大家立刻留言：「注意安全」、「不要落單」、「還是上樓吧」。沒有口號，卻有彼此的溫柔關心。

同一天，我收到一位夥伴梅有綺飾送上彩虹胸針，對方輕聲說了句「加油」。就是那麼小的一句話，讓我撐過那天的低潮。

這條路走得不快，有時慢得讓人想哭。但她、我發現，當有人與你同行時，再遠的路，也走得下去。

這不是一場充滿吶喊的運動。這是一群人默默說話、靜靜行動的旅程。他們走進市場、社區、巷弄、捷運站出口，一天五、六場的快閃行動，只爲讓更多人看見——我們還有選擇。

文山退葆最終在第二階段交出三萬四千零四十份連署書。這不只是數字，而是一張張手寫的信任，一筆筆眞實的希望。他們已啟動第三階段投票宣傳，繼續傳遞：罷免，不是爲了報復，而是爲了捍衛。

捍衛我們想相信的制度、我們想交給下一代的價值。

過程中有許多加油聲，也有不少讓人無法淡然面對的無理辱罵。

## 孩子的眼睛，讓她開始思考

有天在景美早市宣傳，一位民國二十年次的老先生來連署，我一筆一劃幫他寫，邊用臺語閒聊，發現我們有相同的故鄉，都來自雲林，他簽好名字後對我說：「你若是予人罵，就要較勇敢，爲著臺灣，恁少年人就愛勇敢繼續拚。」

我差點落淚。

我們錄了一段志工在公園當小蜜蜂鍥而不捨的影片，在網路上感動了許多人。其中一位女生，在路上逢人就問來連署好嗎，被惡言相向、被拒絕都還是微笑面對，轉頭繼續喊「罷免賴士葆」。

面對不友善聲音卻依舊溫柔堅定的女生，是文山南中正的陸戰志工王小寶，曾是搖滾樂團的貝斯手。

她年輕時熱愛音樂，曾赴美巡演。那時的她，認爲人生就是要盡情去愛美好的事物，政治、國家、社會，離她很遠。但當她成爲母親，一切都改變了。

孩子的眼睛，讓她開始思考：我希望他長大後活在怎樣的地方？是能自由發聲、安心生活、有未來想像的臺灣，還是一個沉默服從的社會？

她和先生曾在中國大陸生活多年。當他們回到臺灣，她才眞正明白：臺灣的空氣裡，有種東西很珍貴，叫做「自由」。人與人之間可以不同，但可以對話。人民可以批評政府，不會被消音。她深深珍惜這一切，也開始害怕這一切會不見。

當立法院出現違法與失控的情況時，她沒辦法再只當觀眾。她穿上志工背心，走上街頭。她說，她不是來反對某個人，而是來守護那個讓她孩子能安心睡覺的世界。

## 讓你未來每一晚都能睡得好好的

二〇二四年五月二十三日，正值第一次的青鳥行動。我在臉書記錄了那天我與孩子的對話，那天下午我已去過立法院外的抗議現場，回家陪孩子晚餐，到了晚上九點多看到立法院讓人憤怒的消息。

我問孩子：「我要在家開一瓶哀悼民主的啤酒，還是去立法院？」

孩子說：「去立法院比較有用啊。但我會在家睡得好好的。」

我笑了笑，說：「那我去守護民主，讓你未來每一晚都能睡得好好的。」

這句話，說出了許多志工心裡的話。

一年過去了，我們仍堅毅地站在街頭，大聲地守護民主，溫柔地守護臺灣。

他們或許看起來只是平凡人——

母親、學生、上班族、退休長輩、病友、藝術創作者……

但他們在用自己的方式，溫柔而堅定地守護臺灣。

這場罷免，走得慢，也走得難，

但只要我們還在走，就沒有輸。

因爲罷免不是憎恨的語言，

而是一種溫柔卻強大的聲音，

「我們還在乎。」
只要臺灣需要我們，我們就會站在那個民主的街頭。

# 從「郝柏村是我同學」到成爲琪琪

「只有我們自己先勇敢起來，支持我們的民衆才有辦法勇敢。」琪琪的勇敢是拔羅波通往成功之路最重要的一劑強心針，琪琪公開脫下了她一直戴著的口罩與帽子。她要讓大家知道，「我可以，你們也可以。」

口述：拔羅波發言人 琪琪

撰文：王家軒

## 一切都從撿到一隻毛小孩開始

加入新店大罷免的核心團隊、成爲拔羅波的對外發言人、上遍各大政論節目，還收到粉絲的鮮花，從來都不在琪琪的人生規劃裡。甚至，連今年她會出現在新北第十一選區都是一個意外。

但這趟意外之旅的背後，反映出的不只是琪琪短短幾個月內，從政治素人到拔羅波發言人的蛻變，更是新一代臺灣人在政治認同上的覺醒，與承擔起公民責任的勇氣。而使這一切成爲可能的養分，來自於臺灣這片土地蘊含著的文化養分，匯聚了從中國東北到臺北、從臺北到臺東的遼闊空間，來自於海峽另一端的移民，以及世世代代居住於臺灣的原住民。

這一切都從琪琪撿到的一隻毛小孩「玉米」開始。

「我大學畢業後在一家上市公司做了十年的董事長特助。工作條件不差，但當時我看不到未來。又不覺得自己有什麼技能可以找到更好的工作，因此決定回學校去念書。我考上了臺東大學的南島文化碩士班。正在寫論文時，跟我的室友撿到一隻狗。我的同學是鄒族人，她的狗叫做『Pohe』，是鄒族玉米的意思。我就把我的狗取名爲阿美族的『玉米』，因爲我是研究臺東小港部落的阿美族人的。」

## 「我的女兒比較沒有自信」

琪琪和臺東的緣分其實很早，要從念輔大時開始。當時政府有補助大學生對原住民部落的小朋友進行一對一的線上課後輔導，因此大學四年她每週都花兩天上線輔導忠孝國小學生的課業。寒暑假期間也去當地帶營隊。「原本我以爲去臺東是去做偏鄉服務，結果反而是我人生一個關鍵的轉捩點。我中學在臺北念的都是私校，同學的經濟狀況都很不錯，相比之下我很普通。臺東的經濟條件自然不能跟臺北比，還有各種城鄉差距、隔代教養、教育資源貧瘠的問題，讓我開始覺得自己原來很富足。尤其令我印象深刻的是，當地有些家庭有家暴的問題。」

但有些同行的志工同學從來沒有接觸過，因此很震撼。這樣的反應讓琪琪很訝異。因爲，雖然琪爸讓她念私校，卻從小常常挨打，琪媽也被打，「他非常大男人，會物化女性，後來法院判他們離婚，但我就是在這樣的環境中長大，不覺得有什麼特別。直到那次經驗，我才知道不是每個人都對暴力習以爲常。」

「在那樣的環境裡，我逐漸開了眼界，脫離了過去很狹小的生活圈。我開始體驗到自己可以是一個有價值、有能力給予的人。」

「我現在好像給人比較陽光、正面的形象。因此當我媽媽在 Taiwan Action 的影片中說『我的女兒比較沒有自信』時，很多人跑來問我眞的是這樣嗎。以前我是眞的比較膽怯，遇到挑戰會退縮，怕自己做不到。」然而，後來因爲房屋的租約到期，琪琪在臺東一直找不到適合養狗的屋子，只好回到新北，與媽媽同住。原本的計畫是趕快完成碩士論文，重回職場。

「於是我在二〇二四年初回到臺北，接著就遇到國民黨在立法院強推三大惡法。我最不能接受的是國會擴權的法案。想說怎麼國民黨又來了？」

## 成長在濃厚的外省氣息之下

這一位研究阿美族文化的研究生成爲大罷免運動的發言人，還有更不尋常的家庭背景，琪琪成長於一個黨國色彩極濃厚的外省軍公教家庭當中。

「我爺爺是中國東北人，他的爺爺曾經是張作霖的左右手，來臺灣後做刑警，最後好像在大安分局。我外公是浙江人，但他只是士官長，位階沒有很高。全家只有我阿媽是臺中人。不過，我們家雖然都支持國民黨，並沒有太熱衷政治。可是家裡確實都是看TVBS，會稱讚孫運璿。最好笑的是，我阿媽說我三、五歲時，會跟別人說『郝柏村是我同學』，我也不知道爲什麼自己這樣講，但可以看出來我成長的環境是在濃厚的外省氣息之下。」

陳水扁當選時，琪琪的家人都很生氣，覺得他不會說英文，很土，沒水準，「憑什麼能當總統!?」

大學時，有一任男友很喜歡跟琪琪談政治，那時候她很不喜歡聊這些。「事後回想我才知道，他應該就是比較偏綠營、民進黨的意識形態，會想要我去了解轉型正義、白色恐怖的重要，所以我心底就很排斥，覺得這不是我熟悉的歷史與價值觀，因爲我從小聽到的就是另一種截然不同的意識形態。現在回頭去看，才知道每一個人的政治立場都是在漫長的潛移默化中造成的，你可能沒有察覺，也很難改變，只能靠著持之以恆的慢慢溝通。這成爲我參與大罷免時的一個養分。」

## 耐心傾聽彼此，共同承擔錯誤

爲什麼琪琪後來會對國民黨完全改觀？

首先是馬英九說鹿茸是鹿耳朵裡的毛這件事。她當時很震驚，「怎麼會一個這麼位高權重的政治人物講出這麼沒有常識的話？這個黨到底怎麼了？」

「我的個性是如果不清楚，我就不會多說話。因此在今年一月，當有一群想要罷免羅明才的人成立了一個匿名的ＬＩＮＥ群組的時候，我只是在裡面靜靜地觀察。」後來有人建議大家應該要出來見一面。第一波志工實體會議時，琪琪參加了第二次，大家開始進行任務分工。吳柏瑋因爲長期在新店做文史工作的調查與保存，而且他說自己不怕羅明才，他自然就成爲領銜人。此外還有陸戰、空戰、行政、公關四個小組。琪琪因爲時間較有彈性，應該可接聽電話，因此就自告奮勇擔任媒體聯絡人。「其實我根本不想要有這麼多曝光，只是希望事情能順利進行。沒想到居然就成了拔羅波對外的發言人。」

拔羅波從一開始就不被大家看好，但從農曆年前的一月二十二日開始收件，才十二天就收到超過五千份連署書，過年留在新店過年的志工仍持續收件。甚至二階也送件了，連其他罷團都很驚訝拔羅波可以通過二階，很多新店民眾也覺得這怎麼可能。「我們可以走到今天，主要是因爲我們團隊核心每個人都很願意傾聽與對話。其實我們好幾個人年紀都還很小，我是一九八八年的，還有幾位女性幹部也是七年級尾的。而且我們的個性都是遇到衝突或爭議會先檢討自己，甚至我們常覺得都是別人在忍耐我們。」

工作上若出現問題，他們會給出建議，避免獨斷獨行。小問題就在LINE群裡面列出選項，讓大家投票表決。比較嚴重的大問題，就會透過反覆的討論，一定要等到大家都有共識，才會行動。「坦白說，這樣的決策模式非常無效，但每個人都是志願來這裡的，我們不可能強迫要求誰一定要怎樣。如果有人眞的不接受共識，想按照自己的辦法進行，我們會先提出各種建議、勸誡。不過，如果最後眞的出包了，我們也會想盡辦法幫忙擦屁股，所以也不會有什麼不愉快的事件。因此，我們對外口徑非常一致。」

外人看拔羅波志工團隊好像感情很好，都沒有分裂的問題，但實際上內部衝突很多，「只是我們透過反覆的討論來化解。」

琪琪認爲拔羅波這個團隊另一個優點是，每個人自己會主動去發掘問題，自己動手去解決。譬如說，一月二十日正式成軍、完成任務分組，等到一月二十二日首次公開收集連署書，「當時我們的志工都已經有徽章與制服了。這是因爲空戰的設計組長在第一時間就畫出了那個手握蘿蔔主視覺與標準字，然後來自深坑的核心志工建議我們要有制服，她就自已跑去五分埔買了十一件襯衫做絹印，拔羅波第一代的制服，一個下午就搞定了。因此你也可以說我們是一個非常有效率的團隊。」

## 只有我們先勇敢起來……

一階連署只需要投票人口的百分之一，因此相對容易。但進入二階之後，拔羅波需要逾三萬兩千人的支持，十倍於一階數量。新北第十一選區眞的有這麼多人敢站出來支持罷免羅明才嗎？

三月十三日，二階初期正式起跑，拔羅波預估，扣掉曾經參與一階的重複連署名單，以及要抓妥可能會因爲資料錯誤、筆跡不淸而被選委會剔除的連署書數量，二階連署應該要有四萬份才最安全。然而，二階連署起跑後狀況不如預期，三一三當天拔，羅波自己收集到的連署書才一百多張，加上兩位在地民進黨議員陳永福、陳乃瑜協助的收件數也才到兩百六十張。按照這個速度，要在二階截止前達標，幾乎是不可能的任務。

收件數低靡原因很多。客觀來看，首先是拔羅波一直沒有自己的總部，所有的連署點都屬於臨時的快閃性質，加上此時志工的人數還是很少，因此每天可以開站收件的地點、時間都不一樣。想要連署的民衆必須主動上網找到拔羅波的資訊，再查詢當天連署站的時間地點，相當耗時費力。如何擴大志工團數量，加速收件速度，成了拔羅波核心團員們極大的挑戰。何況要取得共識非常費時費力，有很長一段時間內，罷團內部人心惶惶，士氣低靡。

這中間還有一個不幸的插曲。二月底，拔羅波好不容易在深坑租到了一個停車位，志工們在停車格內搭了一個有遮蔽的車棚，終於有了深坑地區第一個固定的連署站。

然而，就在二階起跑之前的兩天，在不知名的「有力人士」關切下，業主突然提出要解約。儘管租約還有兩週，拔羅波爲了避免引發不必要的糾紛，也只能無奈配合。媒體追問施壓的「有力人士」是誰?團隊說「大家心裡都知道」。有了這樣的經驗，拔羅波之後所有的行程規劃都特別審慎低調，定案之前嚴格保密，避免節外生枝。

在這些有形的障礙之下，有一個更難以捉摸、更難克服的困境，就是恐懼。羅明才在新店地區已經八連霸，父親又是惡名昭彰、曾經將人關進狗籠的天道盟創始人。再加上安坑刑場、新店軍人監獄、警備總部軍法處等白色恐怖時代人人聞之色變的情治機構都在這裡，在新店、安坑、深坑這裡許多人的內心深處，挑戰國民黨的統治不僅幾乎不可能，甚至不敢想。

「罷免羅明才？不可能的啦，他都做了八屆了。」

「如果有三階投票，我會出來投，但要我連署，不可能。你太年輕，你不懂。」

「我很想要參加連署，但我不敢讓我鄰居知道。我們那裡全部都是藍的。」

「我是公務員，你要我連署，你能保障我不會被清算嗎？」

類似的話語是拔羅波志工每個人、每天都會聽到的聲音。

## 在琪琪耳邊說了聲「一張」

面對無所不在的政治力介入、乃至發生在許多志工身上的肢體攻擊、言語羞辱事件，讓琪琪意識到，儘管她自己相信臺灣的民主法治已經夠成熟穩固，不至於會發生政治報復的事件，但人民並非沒有恐懼害怕的理由。

讓琪琪特別有感觸的，是那些支持大罷免卻不敢表態的民衆。有一次在大豐社福館前，有一位太太來簽連署，但說她很害怕，覺得成功的機會很渺茫。琪琪當時嘴巴上安慰她說不用害怕，但心底很清楚這樣講很沒有說服力。此外，常有路人想要對拔羅波志工表示支持，卻不敢當面鼓勵，只好偷偷把手藏在腋下對琪琪比讚。

農曆年期間，拔羅波志工持續在大新店地區宣傳、收連署書，在碧潭太平宮前的一位阿北讓琪琪特別難忘。志工在工作時，這位阿北站在志工前方一段距離的地方指揮交通，但過了一陣子，他突然急速地靠近琪琪，悄悄地在琪琪耳邊說了聲「一張」。這樣突兀的舉動讓琪琪一時愣住。

「我第一時間不知道他想要做什麼。之後我想他應該是支持我們的，只是不想讓別人看出來。於是我也很機靈地偷偷跑到他身邊小聲問他：『那需要我幫你折得小小的嗎？』阿北點頭，於是琪琪又再把一張折得小小的連署書塞到他手裡……」在這件事之後，擔任拔羅波志工的人本基金會創辦人史英，有幾次鼓勵琪琪脫下她的口罩與帽子，以眞面目示人，才能鼓勵大家不需要害怕。琪琪一開始很抗拒，倒不是因爲害怕，而是不想讓本來平凡的生活捲入太多政治，尤其不想母親被打擾。

## 我可以，你們也可以

然而，琪琪心底也很清楚，如果她在嘴巴上鼓勵民衆站出來，但自己卻把臉孔遮起來，應該不太有說服力。

於是，在三月二十六日立法院群賢樓前的記者會上，琪琪脫下了一直戴著的口罩與帽子。

她要讓大家知道，「我可以，你們也可以。」拔羅波與新北第十一選區的民衆站在一起。她在記者會上這麼說道：「自從我加入拔羅波罷團以來，在所有公開的場合我一定都是載著帽子戴著口罩，但是當我站在街頭上，面對面地跟我們的民衆近距離接觸時，我卻發現他們的心裡面，居然跟志工一樣也都有很深的恐懼和擔憂。他們擔心自己如果站出來，會影響到自己的家人還有自己的生活。所以我慢慢地覺得，只有我們自己先勇敢起來，支持我們的民衆才有辦法勇敢。如果你正在看電視，如果你發現你認識我，如果你擔心我的人身安全，請你勇敢地站出來跟我們一起簽下第二階的連署。如果你的孩子跟我的年紀差不多，你不希望他們面臨到我正在面臨的事情，也請你勇敢地站出來，跟我們一起簽下罷免連署。如果你正在孕育一個家庭，你希望他未來也可以在擁有自由和民主的臺灣生活，也請你站出來跟我們一起簽下罷免連署。」

琪琪的勇敢是拔羅波通往成功之路最重要的一劑強心針。在此之前，各種阻撓與攻擊造成士氣低靡的，但因爲琪琪的挺身而出重燃希望。立法委員王定宇將這段畫面分享在他個人臉書上，獲得了兩萬個讚。在拔羅波官方臉書粉絲頁上，影片的瀏覽次數更高達一百二十二萬。

一位核心志工說，自從琪琪脫帽之後，愈來愈多的志工尤其是男性志工加入，連署書收件的情況也開始好轉。

## 真實的心聲，沉重的託付

從一月份的毫無盼望，到五月份的過關斬將，拔羅波走到現在，琪琪怎麼看這一趟歷程？又以什麼態度去面對三階投票的終局之戰？

「有一陣子我超想退出。我本來的計畫就是利用這一段期間寫論文，結果意外加入拔羅波，但我無法一心二用，根本不能兼顧兩邊。」

「但我也知道我不可以離開。首先是後來發現我跟團隊的關係愈來愈緊密。我們一開始互相都不認識，但愈工作就愈覺得彼此都很有默契與共識，而且願意一起承擔。假設本來五個人分擔的工作，如果我走了，那就只剩下四個人去做，那留下的人不是更累？如果中途放棄一定會打擊大家的士氣，團隊組織也必須做調整，最後我就一直走下去。」但，更重要的是民眾的託付。

剛開始推動罷免時，琪琪他們並沒有預設結果是什麼。之所以會投入這麼多到這個程度，沒有放棄，堅持下去，主要原因是新北十一選區的民眾。「很多人眞的是冒著很大壓力把連署書交給我們的。每一份提議書、連署書，都老百姓眞實的心聲，沉重的託付。在恐懼這麼深的情況下，他們願意信任我們，把私人的個資交給我們，而我們也因此通過了一階、二階，因此無論這些人有多少，無論是否足夠通過三階，我們都應該要認眞對待，有始有終。」

萬一最後無法成功罷免羅明才呢？

琪琪，這位參與政治工作才不到六個月的政治素人，表現得格外冷靜：「如果失敗，我會擔心國民黨會更囂張。但應該不會哭吧，因爲我們本來就沒有預期一定會成功。而且，過去所有人都認爲新店就是鐵板一塊，羅家兩代三十年的王朝不可撼動。但如今有超過百分之十的選民願意站出來挑戰他，大家看到改變不是不可能的。這已經是很大的鼓勵。」

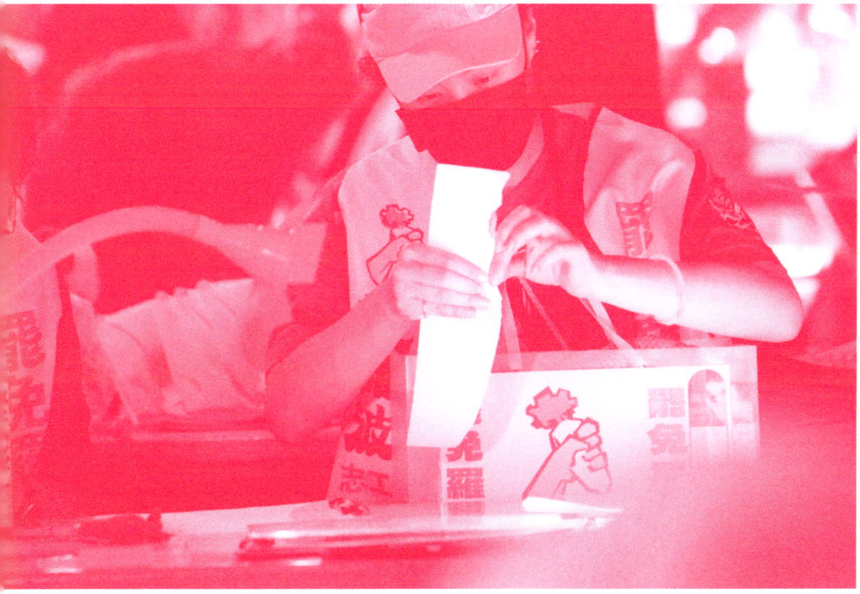
罷免羅
志工
罷免

# 不知道你的本名，<br>但我知道我可以完全地信任你

當我看到所有的夥伴在外頭前仆後繼，受到羞辱、暴力對待，好在我們都有彼此，我們可以調侃、可以互相安慰，互相支持。我們可以一步步地走到今天，跨過那個我們曾經覺得不可能的門檻。」 十幾年來走闖街頭運動都沒有感受到像這次的大罷免……

口述：新店拔羅波志工艾爾與姐姐艾波
撰文：王家軒

## 國家暴力回來了嗎？

二〇〇八年底，中國海協會會長陳雲林來臺，預計與當時的海基會秘書長江丙坤討論兩岸包機直航、全面通郵的議題，爲全面大三通做準備。然而，當時馬英九政府爲了會議的順利進行，採取了諸多有辱國格的措施，包含隱藏他作爲國家元首的身分，與陳雲林互稱「先生」；一方面禁止現場出現國旗，驅離手舉國旗的民眾，但夾道歡迎陳雲林的統促黨群眾卻能在警方的保護下高舉五星旗。面對種種喪權辱國的作爲，愈來愈多臺灣人看不下去，而臺北市警方也以各種粗暴的手法對付抗議群眾。

十一月四日晚上，當時的國民黨榮譽主席連戰在國賓飯店設宴招待陳雲林，臺北市警局派出鎮暴警察，驅離酒店外六百多名抗議的民眾。位於不遠處的上揚唱片行當時在店內播放著〈戀戀北迴線〉這首曲子，用台語輕快唱著「世外的桃源，美麗的臺灣，自由自在，幸福臺灣人」，孰料北投分局的局長李漢卿，竟然就帶著全副武裝的鎮暴警察衝進店內，要求店家把音樂關掉，事後還強行要求店家拉下鐵門。

兩天後，在馬英九接見陳雲林的臺北賓館外更爆發大規模的暴力衝突，警方以棍棒、盾牌痛毆抗議群衆，血濺景福門，最後還以強力水柱驅散抗議群衆。「難道戒嚴時代的國家暴力回來了嗎？」目睹這一切的艾爾覺得不可思議。熱愛音樂，曾在樂團擔任吉他手的艾爾更憤怒的是發生在上揚唱片行的衝突。「過去國民黨禁臺語歌，現在馬英九執政，播放臺語歌難道還犯法？」

高中時就從南投來臺北念書的北漂青年艾爾，退伍後工作仍留在臺北，當時在加拿大駐臺北貿易辦事處上班。他回想起將近二十年前的這段往事，還是覺得悲憤：「十幾年前的加拿大在人權、法治、轉型正義等議題上已經相當成熟，對照起來，臺灣的警察還在拿棍子打老百姓、折斷旗幟。我上班地點距離鄭南榕基金會不遠，我記得我午休時常晃去那裡，看看 Nylon（鄭南榕）留下來給我們的東西。有一次我坐在基金會前面的一排行道樹下，想著 Nylon 那句『剩下的就是你們的事了』。想著想著就哭了，因爲我們一定讓他失望了。」

從此之後，從大埔、樂生、反核，到三一八，艾爾不僅無役不與，更衝在第一線。二〇一三年反大埔的時候，他翻過圍牆衝進內政部裡。不過還好沒被警察抓到，「因爲我答應家人不能受傷，一看到情勢不對就快跑。」

## 阿姨眼中的「綠共」

談起自己的政治啟蒙，艾爾說轉折之一是念世新大學廣告系時上了李筱峰老師的臺灣史，尤其是黨外運動的長期抗爭讓他非常感動。不過，更長遠來看就要回溯到艾爾的阿公。出生於日治時代的阿公，雖然家境貧困，卻很會念書，不僅是埔里老家極少數念到臺中一中的人，後來更去日本讀醫科。「說南投杜聰明有點誇張，但可以說是埔里杜聰明吧？」

有這樣的家族背景，艾爾從小就成爲認同臺灣價值、批判國民黨統治的臺派並不意外。然而，家人當中的政治立場也不是鐵板一塊。「我媽媽也是綠的，但她的父母兄弟全部都是挺藍的。」

有一次家人之間爲此爆發激烈的衝突。起因是二阿姨的兒子受到中部地區某軍事單位的邀請，去營區裡教阿兵哥沖咖啡。大阿姨的先生聽到之後一派天眞地說：「兩岸之間也應該放下紛爭歧見，好好坐下來一起喝杯咖啡。」艾爾忍不住當場回嗆：「中國在國際上處處打壓臺灣，軍機繞臺的次數每年增加一千次。砲火打來到時候死的都是臺灣人。跟這樣的人你可以跟他們喝咖啡？」

沒想到這樣一句搶白，卻換來從小看著他長大的大阿姨的一句「你就是綠共」。外表文靜、秀氣的艾爾面對家族長輩的圍攻沒有退讓：「大阿姨，我無法接受你這樣的批評。我覺得我需要你的道歉。」

結果雙方愈談愈僵，誰也不肯讓步。最後是艾爾的姐姐把他從ＬＩＮＥ的群組裡踢出去，讓大家都冷靜一點。

艾爾從此再也沒有回到那個家族群組。

「媽媽為此很傷心，她有五個兄弟姐妹，她排行老三，平常感情都很好，但就是不能談政治。有時候她會吵到哭，無法跟父母交代。」

「但還好我們現在住新店，媽媽與親戚平常往來少了，也還相安無事。」

## 對這輩子能作為臺灣人充滿感激

雖然如此關心、投入政治，但艾爾並沒有加入政黨或政治組織。他選擇了用自己覺得適合的方式進行草根公民培力的工作：在新店組織自訓團。不過，新店自訓團的創辦要歸功艾爾的姐姐艾波。

艾波與艾爾只差兩歲，手足關係緊密、志趣相投的兩人時不時會被外人誤認為一對情侶。「我們從小就都玩在一起，但我們的興趣比較特別，我們還會一起去日本聽演唱會、看摔角。」

與艾爾一樣，姐姐也對臺灣的民主與國家安全憂心忡忡，但身為兩個孩子的媽媽，比較無法像弟弟說衝就衝站上社運的第一線。「但我覺得我們一家人一直都算過得很好，受到很多保護。所以我們行有餘力，也應該多去關心這個社會。」艾波對這輩子能作爲臺灣人充滿了感激。

不過，在二〇二三年底，艾波決定付諸行動。她先是加入了「臺灣民團協會」在大安區的自訓團，半年後又自己籌組了新店的自訓團。

到如今，新店自訓團已經有兩年多的歷史，每週三晚上團員固定要出來自主訓練，項目包含體能、急救、災難應變、緊急通訊、物資儲備等等。但新店團並沒有建立嚴格的課表或教案，而是讓各個團員自己去決定想要學什麼，或想要教什麼。只有BLS（Basic Life Saving）是硬性要求，每個團員都必須學會，而且會頒發證照。

當拔羅波於今年一月成立時，自訓團的許多成員也在第一時間加入。當初是以民防、自救爲目的成立的自訓團，在一年多後意外成了大罷免運動的核心骨幹。

不過，對於拔羅波的組成與運作，除了新店自訓團之外，文山自訓團也是厥功甚偉。

## 來自文山退葆的勇氣傳承

全臺灣各地有多達全臺灣各地的自訓團，大家多都參與或支持了各地大罷免的運作。然而，艾波說道，「只有文山區的罷團『文山退葆』是由當地自訓團主導成立的。」別於其他地區的罷團，文山退葆自始就是一群理念相同、默契十足的自訓團員在運作的。因此，他們格外地團結，有效率。

當雙北其他地區紛紛成立罷團後，有民眾也來問艾波與艾爾要不要「成立新店的罷團？」但他們姐弟評估，覺得他們的組織偏向家庭式的，不適合做大罷免的領導人，「但如果新店有罷團，我們可以扮演支持、輔助的角色。」

對於拔羅波的成立，文山退葆也幫了大忙。另外一位核心志工ＹＹ曾在公開場合誠摯地感謝文山退葆。她說：「是文山退葆的夥伴，將反共護國的勇敢傳遞到新店。我們在一階什麼都沒有的時候，文山退葆的夥伴對我們說：『文山有的，新店都有一份。』固定站點的設置與規劃，我們也都是跟文山退葆學習的。我們眞的非常感謝。」

回想起拔羅波草創時的艱苦歲月，艾爾帶著甜蜜又苦澀的口氣說：「一開始人力很少，物資也不夠，開站的帳棚是跟長老教會借用的，但桌子、椅子、燈光、音響等等，很多就從自訓團這邊拿過去用。其他人沒有車，我有，因此後勤與倉儲全部都由我來做。我的車子與停車場就成了拔羅波的倉庫，所有物資搬運調配都是我來做，坦白說眞的滿累的。」

「不過，雖然我當初就告訴自己無論成敗一定要把這件事做完，要幫到底，但我其實沒有這麼 care 是不是眞的能罷免羅明才。因爲我們眞正的目的還是在新店地區找出願意做民防的臺派，要找到一群能彼此信任、互相支援的夥伴，讓大家爲戰爭做好準備。羅明才能被罷免當然最好，但就算罷免失敗，自訓的事情我們還是會做下去……」這麼辛苦，爲什麼還要守護臺灣？戰爭的風險這麼大，投降就能確保自己跟家人的生命，不好嗎？

## 戰爭遲早會來的

對於這個要天人交戰的問題，艾波的回覆卻出奇地簡單：「爲什麼要守護臺灣？你不覺得臺灣眞的很棒嗎？這樣說好像很芭樂，但臺灣眞的就是一個可以過得很舒服的地方啊，你上次輩子得做很多好事，積很多福報，才能投胎在臺灣。尤其你去過愈多國家，愈會覺得臺灣眞的很棒。」

但在這浪漫情懷的背後，是悲觀到令人背脊發涼的現實考量：「對我跟艾爾來說，臺灣國內的藍綠紛爭其實不是我們最在意的，因爲我們相信兩岸之間一定會開戰，在戰爭之前我們都得準備好。」艾爾與艾波沒有參與拔羅波的創立，但他們創辦的自訓團卻種下拔羅波的種子，在拔羅波人力最稀少、最不被看好的一階與二階初期，也扮演吃重的角色。而他們對臺灣面臨的安全困境，以及公民應該肩負的責任，不會止於這次大罷免運動的成敗。

然而，對於從事第一線公民抗爭運動有十多年經驗的艾爾，對大罷免運動的意義與獨特性，有非常深刻的體驗。在二階送件過後的第二天，拔羅波志工在新店市區舉辦了一場路程長達五公里的感恩遊行。在途經大豐社福會館前，艾爾留下了這段感性的發言：「我參與街頭公民運動已經有十幾年了，除了反服貿、反核四外，其他有關於公平正義的抗爭幾乎沒有成功的。所以長久下來容易讓人陷入失敗主義的心態，會被一些『啊，這很難啦！』『新店？不可能啦！！』『做這個有什麼用啦！』諸如此類的話語所影響。不過，這次的全臺大罷免，要感謝我們拔羅波的團隊，與全臺灣罷團的無名公民，跟我們堅持戰到最後一刻，讓我們成爲一個強大的群體，而沒有落入失敗主義的泥沼。」

這些年來，艾爾爬過內政部、立法院、行政院的圍牆，「我面對過兇狠的保安警察，那些對抗國家機器的感覺，跟這一次的陸戰經驗非常不同。站在我們對立面的，現在是我們的公僕、我們的鄰居，甚至是我們的家人。所以我認爲這次活動夥伴心中蒙受的運動傷害，需要特別注意。」他用過來人的經驗提醒所有夥伴，在獨處的時候不要輕忽自己的感受。要找方法排解、抒壓，不管是找人傾吐，或是尋求醫療介入，甚至是大喝一場，都好。不要讓負面的情緒埋藏在潛意識裡面，等到哪一天才爆發出來。

拔羅波在大豐與小金門這兩個站點，曾經歷過各種險惡的天候，有需要暖暖包的日子，有需要冰涼噴霧與防晒的日子，有需要抹布、需要吹風機的日子。

## 所有人共同承擔的感受

曾經有位叫文正的夥伴，想過要放棄。艾爾當時的想法也想撤退，「如果三月大港開唱之後沒有到一萬份，我就考慮去其他更有希望的罷團幫忙。偏偏大港回來的那個星期一，就恰好達到九千份，這讓我很捨不得放棄啊。」直到四月初，他們終於找到了一位願意支持的房東，讓罷團有一個位置絕佳的拔羅波總部，經過緊鑼密鼓地裝修，四月六日才終於有一個每日開站的固定點，一個家的感覺，「當我看到所有的夥伴在外頭前仆後繼，受到羞辱、暴力對待，好在我們都有彼此，我們可以調侃、可以互相安慰，互相支持。我們可以一步步地走到今天，跨過那個我們曾經覺得不可能的門檻。」

「我很高興我留下來了，也感謝各位的支持陪伴。」艾爾甚至不需要知道夥伴們的本名，也不需要知道他們的背景，「但我知道我可以完全地信任你。」十幾年來走闖街頭運動，都沒有感受到像這次的大罷免，那種所有人共同承擔的感受。「我覺得家軒說得很對，我想這就是臺灣民族主義的展現。我也非常榮幸能跟各位臺灣人站在一起，我也非常驕傲能與各位拔羅波夥伴成爲家人。我還要特別感謝我們堅強的女性志工們，你們都是臺灣的媽祖婆。」

接下來的日子，艾爾認爲大家還是要保持關注，好好休息，維持體力，因爲：

「我們還有事情沒有完成。而且，我們要一起完成。謝謝。」

# 心是我們的總部所在地

我們是一起的，我們百來個志工，無論是空戰、陸戰、派報、造冊、車隊、運輸、數據統計……從決心成爲志工、和這些陌生人成爲夥伴的那一刻，我們就已經有總部了，那顆帶領著我們走在一起的心，就是我們共同的總部。

劉芷妤
齊心斷翔團隊

## 宛如被挑剩後送作堆的區域

這場捲起千堆雪的大罷免潮，我們起步得慢，終究沒有缺席，更在第二階段連署書交件時，交出了一三八%的成績。

在此之前，我們當中，恐怕沒有多少人曾經認眞對這個由金山、萬里、汐止、平溪、雙溪、貢寮、瑞芳等七個行政區所構成的「新北市立法委員第十二選舉區」有什麼特殊的情感，更遑論認同。

畢竟我們都知道，這個幅員遼闊、分布破碎、有山村有海港、在基隆、臺北與新北之間宛如被挑剩後送作堆的區域，正是因爲各方面都不受重視，才被勉強拼湊起來的——而這也是「齊心斷翔．罷免廖先翔」最初要集結與凝聚志工力量最爲困難之處，我們和其他區所有志工一樣，平時要上、下班，照顧家人，擁有各自不同的生活：有人育兒、有人養貓；有人戀愛、有人運動；有人追星、有人追番；有的人睜眼就面對每次跳動都牽動著當下世界的數字，有的人懷抱著織就歷史長河的文字入眠；有的人擅長創造美酒美食，有的人則擅長消滅它們……我們唯一的共同點是堅信「臺灣的國會不能再被這樣糟蹋下去」，但光是這樣一個想法，就連外星人也難以單用意念將這群人集結起來。

可是，我們深愛的家園，已經面臨了刻不容緩的威脅。

## 拆樑志工如復仇者聯盟湧入

眼看著他區的罷免志工團一一組織起來，開始就戰鬥位置，反觀我們，連汐止區的臉書社團都被待罷立委廖先翔與其涉嫌關說案的父親廖正良的勢力長久把持，稍一有不利的言論便迅速被移除，缺乏夠力的網路平臺可以先凝聚有共同信念的夥伴、傳遞訊息，更別說本區的待罷立委毫無知名度、處在關心政治的國人眼球之外。

幸好去年從「山海拆樑」功敗垂成中站起來的志工群，並沒有因為拆樑失敗而消沉，反倒像是復仇者聯盟一樣，湧入金萬汐止，爲我們帶來奧援，傳授經驗之外，更直接帶著初期志工走上大街小巷宣講，用自己的經驗一步一步建立起「斷翔」的基礎。

雖然各種困難拖遲了我們的動作，但或許也正因爲無人重視與不得不慢慢來的步調，讓我們像年輪一般，一圈一圈地緩慢建立堅實的互信基礎，在後來有共諜意圖滲透的時刻，也才能將之擋在核心堡壘之外。

這一仗，眞的是靠大家一起打下來的。

這句話看似平凡，但這裡所指的「大家」有哪些人，其實就連我們自己都說不清。

## 盡責的公民未必要穿上志工背心

由於幅員實在太過廣大、破碎，志工分散各地，加上分工不同，卽使經歷過了密集的連署站與小蜜蜂排班，我們之中仍有許多志工互未謀面，有許多志工並非本區選民，而是來自附近其他城鎮，卻創下超高的支援頻率；有的人長期只在幕後，鮮少走上街頭，甚至不在志工群組裡面，而這樣一群人卻憑藉著網路與互信，撐過了一次又一次民衆的謾罵、收件不如預期的低潮。

每位利用時間排班站上街頭的志工都令人敬佩，但其實，沒有穿著志工背心時，我們也從未停止擁抱臺灣：Ting 是三個孩子的媽，她不僅說服了不關心政治的另一半簽下連署，還趁著小女兒校外教學時，帶著全國連署書，找到時機便偷偷脫隊去挨家挨戶敲門詢問——對於她或其他爲人母的夥伴而言，做爲一個母親和做爲一個公民，其實絲毫沒有違和之處；有時候，反倒是「因爲是個母親」，所以更該是個盡責的公民；而成爲一個盡責的公民，身上是不一定要有那件志工背心的。

善於分析數據的夥伴 Scott 不會出現在排班班表上，卻耗費大量心力時間，整合各地友善店家與議員服務處、定期走訪收集連署書，務求掌握最新的連署書收件數量，即時分類造冊，並將各區域的收件量與之前選舉得票數做出統整分析，與陸戰組隊長 Pen 一同規劃如何找出尚未顧及到的區域，將有限的人力安排在最得宜的地方。

## 異溫層阿媽態度不變

瞞著家人成爲志工的 Louise，在某次任務結束回到家後，忍不住告訴家裡唯一的同溫層阿媽自己剛剛做了什麼事，但阿媽卻說她「吃飽太閒」，同樣一句話，在街頭上聽見和從家人嘴裡說出，殺傷力是澈底不同的，可是隨著時間過去，當阿媽從電視新聞中看見許多志工在街頭上的遭遇，開始會叮嚀孫女外出小心，Louise 感受到阿媽態度轉變，有一回發現了有「在市售面紙上貼罷免宣傳貼紙」這類簡單工作，便帶回家邀請阿媽一起做，祖孫倆趁著異溫層家人回來之前，在兩小時內快手完成五百份面紙並聯繫夥伴迅速運走，驚險刺激的任務結束後，阿媽說：如果還有這樣的工作，她還想再做。

還有一位無聲的舉牌超人，是從一階便加入的歐大哥，他因爲生病開刀，說話發聲不方便，卻比誰都主動積極；無論是連署站開張或收攤、搬運物資或舉牌揮旗，歐大哥總是動作迅速地搶著去做，從來不「只出張嘴」；即便碰到來叫囂謾罵的，他就算說話不方便，也還是挺身護衛夥伴，從未退縮。由於大哥的病情需要固定時間服藥復健，只能出現在同樣幾個離家較近的站點，他更珍惜成爲志工的時間，甚至經常三個小時全程都爲了不上廁所而不喝水，只爲了把時間完整地用在舉牌這件單純卻又重要的事情上。

## 超人媽媽與連署歡樂送

若說這些人收錢辦事，我很懷疑該是什麼金山銀山才收買得動這樣堅韌又深情的意志。

「我們」是一群不見得叫得出名字、看得見面孔的人，在大家看得到與看不到的地方，盡自己的心力，不僅沒有領鐘點費，經常還要自己掏腰包，甚至很多位置連被支持民衆鼓勵的機會都沒有，有時候還得怕被熟人發現。

就像是 Taiwan Action 團隊在母親節前釋出的第十二支短片《超人媽媽篇》，我們之中，有些人在街頭上賣力拉連署時，也有一群人在沒有人看到的狹小房間裡手工摺疊文宣，她們自成一個工作流水線，摺疊、整理、包裝，在那個沒有窗戶的小房間裡，她們因爲年紀稍長而多少有些病痛的手臂肩頸，一刻也不曾停歇地爲這個曾養育她們也保護著她們兒孫的土地，持續地忙碌著。

那支影片釋出時，二階連署已經到了最後幾天，派報組小隊長 Alan 說這短片他簡直沒辦法看第二次，只要再看一次，好不容易忍住的眼淚就不可能再停在眼眶裡，這不只是因爲心疼與感動，更因爲這些大姐們做得腰痠背痛的繁重工作，都來自他的請託——當他察覺身邊有許多支持大罷免的人都懶得找地方塡連署書，便自己試著將ＤＭ、連署書、同意書、塡寫範例、繳交站點地圖，全部重新排版並濃縮成一份「連署歡樂送」，直接投入信箱中，讓收到的人可以從「爲什麼要罷免」到「怎麼塡寫繳交連署書」一次到位，降低連署的門檻。

這個點子後來擴大成爲《超人媽媽篇》裡的這個人工生產線，空戰組絞盡腦汁衡量字體大小級距與資訊量，設計出文宣，印好之後的大小紙張，則一箱一箱送往那間無窗的工作室。而她們就這樣靜靜地坐下來，一份一份，摺疊得乾淨整齊，然後交給派報組：「我們努力摺，你們就放心用力派，我們一起努力，爲了我們的未來。」

派報組沒有辜負這個期待。

## 超低調的時間管理大師

就別說瑞芳、雙溪、平溪那樣的山城了，即便是人口密集的汐止，很多大型社區都設於山腰甚至更難抵達的高處，想要好好將每一份文宣投進家家戶戶的信箱，就不能用騎著機車或開車經過就扔的那種做法。於是雲端班表上多了以「里」細分的派報表格，約二十位志工彼此分配支援，惦記著「民衆看到文宣後，塡好連署書再送出」可能需要很長時間才能發酵，便壓縮了自己的生活，在深夜、在雨中、在烈日下，力拚在最短的時間將派報送進每一戶的信箱。

這從來不是一份簡單的工作。在群組裡低調得驚人的蔡大哥，可說是時間管理大師，不僅利用送女兒上才藝班之間的一個小時加入小蜜蜂拉連署，還經常在家人熟睡後出門派報到深夜，有時獨自一人派到凌晨兩點，有時帶著剛加入的新志工一起，沿途傳授怎麼抓緊時機、全程保持警戒並輕聲細語，有時遇到反對民衆剛好看見派報到自家信箱，還會立刻拿出來丟回志工的袋子裡，當然也免不了火爆場面，爲了把握時間將更多派報傳遞到住戶手上，他們也只能避開衝突、繼續前進。

志工 Chris 外表看來柔弱嬌小，卻總是背著上千份文宣的大背包，一步一步走上山，每一條巷弄都不放過，將超人媽媽們摺好的派報，親手投入信箱中；

派報小隊長白天上班，下班小蜜蜂，深夜依然扛起塞滿文宣的背包出門；有著門禁控管的大型社區，經常得靠著志工或熱心民眾這類「內應」，才讓派報小隊得以投遞由這麼多人的心血累積而成的一份心意。

他們用雙腿，一步一步地重新認識了自己腳下的家園，也一步一步地，將整個志工團隊的愛，深深地踏進這片土地之中。

## 不錯過任何一個的「全國罷免連署本」

當然，在連署站點、小蜜蜂出沒的時刻，民眾來連署，或來加油打氣時，我們也不忘多問一句：「請問可以幫我們帶幾份文宣回去給鄰居和附近的信箱嗎？」我們經常得到友善的回應，甚至是意料之外的強大火力支援，即使他們可能只出現過這麼一兩次，從未出現在我們的志工名單中。

在最後緊要關頭，我們評估了「即使收到連署書也填好了但懶得送出去」的可能，加碼了隨時待命的「收件專線」服務，讓每一份被遺忘在某處的連署書，都有回到造冊組的可能，不管是哪裡，不管是幾件，甚至不管是哪一區的罷免藍委連署書，我們都會派人去收。

每一份親手簽的連署，都是對臺灣的愛，我們從不敢輕慢。

「我很想簽，眞的。」眼前的那位阿姨說。「可是我的戶籍在花蓮。」

二階剛起步時，就是這樣的一句話，以及阿姨離開的背影，讓Alan在當天連署站收攤後，決定自己去做出「全國罷免連署本」。

不只是因爲傅崐萁明擺著是國會裡的首惡，更因爲花蓮是衆所皆知全國最難突破的選區，就這麼讓一個花蓮的連署人轉頭消失在人海裡，是許多志工在二階前期都曾經歷的痛——但他決定不要讓這個痛繼續下去。當天連署站結束，他直奔文具店購買資料夾與內頁，回家搜尋各區罷團連結，一張一張下載。當時各種說法滿天飛，讓人不得不對每一份連署書的精確度採取最嚴厲的審視：擔心超商列印會改變原本比例、不確定什麼程度的差異會被選委會剔除……他甚至跑了一趟濟南長老教會，將自己下載的檔案與濟南長老教會裡的比對，這個一一比對的過程，是最耗費心力的，當眼前擺著兩張略有不同的連署書，實在是任誰都難以確認「哪一份才是沒問題的」。

但在那時，每一份都「必須」是沒問題的才行。

## 只要能爲臺灣多掃掉一個害蟲

終於有了第一本之後，他在極短的時間裡，便又複製出了好幾本，成爲我們罷團各連署站點的標準配備，甚至在汐止區民進黨籍議員的服務處也各放了一份以備不時之需。不過，一直到了基隆罷團的二階連署也開跑，把基隆這份一起加入資料夾裡那一刻，他才眞的覺得，這本算是「完成」了。

畢竟，我們不惜犧牲個人生活成爲志工，原本就不是針對誰，而是針對臺灣。

只要能對臺灣好、只要能爲臺灣多掃掉一個害蟲，不管那是哪一區的，我們都想做，都要做。

沒過多久，我們的另一位志工 Pei 懷抱著「雖然身在汐止，但絕不能放過老家選區的顏寬恒」這種強大的意念，升級了全國罷免連署書的索引，從北至南將三十五區立委與一席市長一一編號，甚至列上該區涵括的鄉鎮里，好讓不熟悉該地的志工便於查找，這個索引名冊靠著網路的力量廣傳，成爲許多他區志工的彈藥庫。

很快地，不只是我們，全國罷團志工幾乎人手一份，所有志工夥伴就像是成爲了同一個罷團：我們背著同一本厚厚的資料夾上班，爲的是下班可以直接投入連署活動，我們細心地將附近其他選區的都多印幾份備用，務求絕不再讓任何一個想簽的民衆失望離去……是的，我們穿著不同的志工背心、手上舉著不同的手舉牌，但眞相或許是：「齊心斷翔」和其他三十四區，其實是同一個罷團。

我們是一起的。

## 一個至今仍沒有總部的罷團

因爲有著同樣的信念，即使我們從一階到二階的過程中，因爲種種反對方的干預，「齊心斷翔」從未眞正有過「總部」，甚至成爲全國罷團裡唯一一個至今仍沒有總部的罷免志工團體，但是這從未影響我們的行動力，偶爾還成爲我們自我調侃的笑點：總部這種東西，只會成爲我們上山下海去派報拉連署的限制而已！

我們是一起的。其他的罷團有總部，只要那裡也有我們這一區的連署書，那裡就是我們的總部。

我們是一起的，我們百來個志工，無論是空戰、陸戰、派報、造冊、車隊、運輸、數據統計……從決心成爲志工、和這些陌生人成爲夥伴的那一刻，我們就已經有總部了，那顆帶領著我們走在一起的心，就是我們共同的總部。

說起來，這冥冥之中，或許也呼應著我們的團隊名稱：「齊心斷翔・罷免廖先翔」，被硬湊起來的七個行政區，不管總部設在哪裡，都會掛一漏萬，但如果我們心中懷抱著同樣的信念，那就是我們的隨身總部。

這個總部，會一直亮著燈，不打烊。

# 「港湖除銹特攻隊」十一歲小志工——睿睿

當女志工遭受暴力威脅，睿睿是暖心的安慰者。統促黨的人來鬧事，她展現良好的教養。和無法與人好好說話、難以正常交流的「蔥草」相比，她更成熟。

她是「港湖除銹」最勤勞的小蜜蜂。

Amber
臺北港湖除銹團隊

「我實在告訴你們，凡要接受上帝國的，若不像小孩子，絕不能進去。」《路加福音》18:17

我們以爲，參加罷免是爲了保護孩子。結果，是孩子保護了我們的心。

「港湖除銹」罷免李彥秀，二階連署達標一四二%，感恩大遊行那天，從大湖公園出發，天空突然下起滂沱大雨，幾秒鐘就讓人全身濕透。望向天空，灰灰的雨打在臉上，也打在心上。

「當臺灣人好累喔！」忍不住向上帝抱怨。踩著濕透的鞋襪，邁開步伐大步向前。

## 十一歲上街救國

眼鏡氤氳蒸氣裡的視線前方，出現了小妹妹睿睿，「港湖除銹特攻隊」的十一歲小蜜蜂，我們可愛的除銹小志工。

睿睿背著關東旗，上面寫著「自己的國家自己救」。十一歲的她，眞的在救國。

回想十一歲的你，在做什麼呢？

十一歲的我，這種熱天，會擁抱冷氣，拒絕出門。下雨天出門淋雨，更是不可能。

爲了不讓高高的標語被擋住，爲了讓訴求被港湖居民看見，爲了提醒大家出來投票同意罷免，小妹妹不撐傘，陪我們戴著帽子淋雨。一如往常，睿睿安安靜靜地，眼睛看著前方，一步一步。頭髮，被不知是汗水還是雨水黏在一起。

睿睿小小的肩膀，卻要承擔共產黨利用通共立委施加給我們的好大好大的壓力。

我們好害怕臺灣孩子會活成共產紅衛兵，沒有人性，沒有道德，沒有靈魂的模樣。只好忍著不捨，讓小妹妹陪著一起淋這場，紅色大雨。

雨一直下，問她：「會不會累，會不會不舒服，要不要換阿姨背？」

睿睿搖搖頭。一路往前，有民眾比倒讚，有民眾瞪視。但更多的是笑臉，是陽臺上飛舞的讚。

宣傳車傳來陳又新律師的聲音：「我們有人被雨打倒嗎？」民眾：「沒有！」「我們會被中國人打倒嗎？」民眾：「不會！」「我們會被中國國民黨打倒嗎？」民眾：「不會！」「我們在保護我們臺灣。」「我們在保護中華民國。」

雨，漸漸變小。

## 主動付出，不坐等保護

想起那天，十一歲的她背著旗子，陪我從南港跑到雨都基隆幫忙掃街。遇上一位老翁，問我領多少錢？耐著性子，我看看睿睿，問老翁：「你覺得小妹妹能當工讀生？」無禮的老翁，在小志工睿睿面前眞的很丟臉。

過去這幾個月，不論是南港、內湖、新店、深坑、基隆，課餘時間，只要不是練習國樂，睿睿都在。十一歲的她，已經看盡臺灣最醜陋族群的嘴臉。十一歲的她，已經能在包工程貪汙議題上侃侃而談。她眞的讓人汗顏，她比很多大人更成熟盡責。

只要看到有人與女志工攀談久一點，睿睿就會跑來旁邊確認，看我們遇到的是鬧事的人，還是友善的人。如果是鬧事的，睿睿會去求救，把男生志工拉過來保護我們。

她沒有因爲自己瘦小，就坐等保護，她不是那些無能的投降主義者。十一歲的她，已經懂得什麼是公民，什麼是爲人付出。

我問睿睿：「寫作業怎麼辦？」睿睿說：「午休的時候寫完。」

「你平常會跟同學解釋罷免嗎？會怎麼說呢？」睿睿說：「會，我會問他們喜不喜歡中國。」

我很好奇：「當志工會不會有不耐煩的時候？很累想放棄的時候？」睿睿說：「不會。」問她喜歡當志工的原因是什麼？睿睿答說：「大家會聊天，我喜歡在旁邊看，有些志工很好笑，有些像安親班老師。」

志工經常遇到來鬧事的人，睿睿有什麼感覺呢？睿睿笑笑：「習慣了。」我問：「那你有生氣過嗎？」睿睿：「有，上次在湖光軒，有個先生說，共產黨來，把他的老婆小孩都帶走沒有關係，他沒差，他不在乎，他不要打仗，他要投降，叫我們不要弄這些罷免。」

實在很難理解，這些大人，看見要保護臺灣、保護自己成長環境的小妹妹，怎麼不會不好意思。

## 跨區支援，從不退卻

擔任罷團志工，十一歲的睿睿學會與不同的人溝通連署書簽署，她知道連署書格式太小、長輩眼力不好，她常主動幫長輩看身分證寫地址，再小心翼翼地引導協助長輩簽名，在小小的格子裡。

她知道她發貼紙不太會被拒絕，大家對孩子比較友善，於是常主動要求去做。她學會開收大型客廳帳、蛋捲桌、摺背心、收物資。這些事她做得比我主動，比我好，比我快。而且她能耐心等待，沒有一次不耐煩的吵鬧，不管是寒流還是酷暑。

睿睿說，是她自己要來的。

當女志工遭受暴力威脅，睿睿是暖心的安慰者。統促黨的人來鬧事，她展現良好的教養。和無法與人好好說話、難以正常交流的「蒽草」相比，她更成熟。

她是「港湖除銹」最勤勞的小蜜蜂。

起先，睿睿接連幾個月的每個週五、週末，參加南港區、內湖區「港湖除銹」最辛苦的戶外站點。接著，她又到新北市新店區的羅明才選區，與「拔羅波」志工一起拿著麥克風、跟著舉牌、一戶一戶掃民宅。後來，週末與平日夜晚又去支援「基隆絕沛」，小小身影出現在基隆海邊、山上。不論置身何處，她都沒有退卻過。

還記得二階最後一天，「港湖除銹」支援基隆，到了新豐街，讓她宣講，她緊張地說她要想一下。小朋友，可愛的緊張。

一開始，睿睿是如何加入罷團當志工的呢？她說：「第一次去罷免攤位時，其實只是要去買寶可夢，當時叔叔要幫忙罷免攤位搬東西，叫我在旁邊等一下。」就這樣，睿睿變成了「港湖除銹」罷團最可愛的寶可夢，最暖心的小蜜蜂。

因爲有像睿睿這樣感動人的志工們陪著，讓這輩子能坐絕不站，太熱太冷都不出門的我，願意一次次爲罷免寒流早起，爲罷免吹風淋雨一整天，忍受一輩子沒有遇過的羞辱咆哮威嚇，做這些自己都不敢相信的事。

終於能有一點點體會，耶穌沒有犯錯，卻要走的苦路——義路，是什麼樣。擔任罷免志工，就是一連串忍耐過去不可能忍耐的修煉。擔任罷免志工，去支援各地罷團，讓我看見我的國家和我想的不一樣。原來，還有那麼多的黑影；原來，有民衆在家裡講立委名字，要害怕到用氣音；原來，臺灣還有那麼多用紅色資本堆積的黑暗角落。

這場傷害民主自由的酸雨，從去年一直下到現在。臺灣正在被通共立委傷害掏空，土石流般的坍塌中。明年，我們的國家還會一樣嗎？看著小妹妹睿睿，我無法想像，若是有一天中國軍人進來，她會遇到什麼。可不可以不要欺負臺灣的孩子？可不可以不要欺負我們的臺灣？但願睿睿和我們能早日迎來烏雲退散的那一天。

台灣 獨 名產
我混
I'm bound with Taiwan.
台灣的

# 請把慣性失敗主義收起來

拜託大家，把擔憂化為行動，用意志影響意志。是大多數的人堅持大罷免、支持大罷免，罷免才可能成功。不是因為保證會成功，才去支持罷免。

Yushan
新竹科學園區
志工媽媽

## 碰到散播假消息，絕對要留言

來自高雄的我，是三個孩子的媽媽，和身邊多數的新竹媽媽一樣，爲了能專心照顧孩子而辭去工作。

太陽花學運那年，我還在五股工作，每天搭公司交通車通勤。看到電視新聞報導說，立法院現場環境髒亂，各種衝突不斷，好奇心驅使我很想去現場看看。三月某週五向部門主管請了半天假，自己坐上公車又轉搭捷運直奔立法院，現場卻是井然有序的環境，志工們照顧著每個靜坐的學子，而我也莫名加入，成爲發便當發水的志工。做這件事讓我心裡踏實，直到先生打電話來，一抬頭才發現已經晚上快七點，這是三十四歲的我參與政治活動的人生初體驗。

有投票權以來，我都跟著父母投。開始關心政治後，才知道每一張票的重要性，尤其是作爲母親身分的責任。臉書本來只分享留職停薪育兒等生活趣事，但自從意識到生活處處是政治，便開始讓政治相關議題占據大部分的版面，我才不管什麼交淺言深，都會在臉友張貼假消息的文章底下留言。疫情期間，也會針對議題分享，我最喜歡有人留言，因爲我知道有很多潛水的朋友在看，每一次都是一個說明的好機會。

幾年下來，現在還維持臉友的不是同溫層，就是眞正能把朋友跟政治分開的中間選民，因爲異溫層早就自行解友了。遇到有鄰居在社群裡帶風向，也是如此，也因爲我的回應，意外收到鄰居給予支持，而結交到爲數不少的臺派鄰居，就這樣一點點的累積，今天才能齊來爲大罷免盡一份心力。

## 拋開自尊心厚著臉皮

大罷免啟動之前，慶幸有許美華老大幫忙牽線而結識了 Eva。

第一次認領兩百份的女力製作國會亂象的傳單，就這樣當起了投遞信箱的小蜜蜂；送孩子上才藝班，順便投在補習班附近小巷子住家的信箱，從有點躊躇到快狠準的投入，再到五個媽媽拎著上百份傳單，在寒冬中踏入十八尖山深藍區。起初我們根本不知道怎麼開口，因爲我們不曾發過傳單，那時候，我們最深的體會就是：「原來這就是在百貨公司或路邊發宣傳單時，被活生生拒絕的心情！」我們深刻反省著，不過我們還是拋開自尊心厚著臉皮說：「您好，請跟我們一起關心國會！」

我們開始從臉書走向戶外，以實際行動呼喚更多人出來簽二階。我還約了四個同溫層女子同行到十八尖山，沿路發送關於《財劃法》的文宣，邊走邊發，走了一個多小時。途中碰到兩位阿姨碎碎念我們，「爲什麼要罷免？刪預算是幫人民省錢。」這種不知道事態嚴重的言論實在不少。還有人叫囂說我們是民進黨黨工，我們就罵回去；我們就是自己站出來的，誰買得動我們呀？

幸好是遇到更多支持我們的人。還有阿姨說，「看到你們這些氣質美女，覺得臺灣好有希望。」

罷免第二階段來得比預期快，新竹市有不少議員徵召志工，我幾乎每個都有加入，一開始是去議員服務處當連署志工。曾經遇到一位先生，剛下飛機就直奔議員服務處簽二階。一名大三的孩子，因爲身障，有位外籍看護時時陪伴身旁，他們大中午特別搭公車來簽連署書；那個孩子在新竹念大學，因爲身障無法拿筆，他看著我幫他代寫，再請看護幫忙蓋印章，讓人心疼又感動不已。還有一個八十來歲的爺爺住在東區議員服務處附近，自己簽完還騎車到香山，找他哥哥簽連署書；結果因爲哥哥簽名太草，必須重寫，他說：「明天再跑一趟沒關係。」

## 抬頭挺胸走進菜市場勸罷

後來乾脆去戶外設連署站，和鄰居媽媽認領了兩天的連署攤；也和幾位議員去果菜市場，那可是我最期待的點，大家都說菜市場常遇到可怕攤商或老人會大聲罵人，我就很想去看看。

坦白說，比起在冷氣房的服務處等人進來簽，我更喜歡走進人群。而且我還發現，很多人根本不知道現在正在發起罷免呀！

我逢人就問，劈頭就邀專門送我們社區各種菜貨的市場老闆娘，要不要來罷免鄭正鈐。她居然酸我說：「你們東區不是都是他的票嗎？」接著她跟我說，「超討厭他，還有市場的阿姨阿伯們，也都很討厭藍白，因爲林智堅之前把新竹的市場規劃得非常好。」她又問我：「要去哪邊寫罷免連署？」我就說：「姐姐，市場罷免書就靠你了。」

居然被誤認是鄭正鈐支持者，本來還擔心她之後會把我的魚切爛……

有一天，我們三個志工媽媽，加一個叔叔舉著「大罷免大成功」的旗幟，我們就這樣大剌剌地走進果菜市場，高喊：「罷免舔共立委！快來簽連署書哦！」我喊得超級大聲，甚至比攤商叫賣聲還大聲，心想：「認識我的人都不知道我還可以做這些事吧？」有人問我去菜市場，不怕被嗆爆嗎？我高聲喊叫時，表情可是憤怒的耶！印象中只有一個攤商笑瞇瞇地問我說：「我可以罷免賴清德嗎？」我回：「當然可以！你要加油。」旁邊的攤商都笑出來。

## 嗨，需要洗車嗎？

人是會互相影響的，尤其是同溫層。我發現鄰居媽媽們已經把罷免志工這身分逐漸排入平日行程中；二階開始後，我們就再也沒有時間討論哪部韓劇好看，經常是當天志工活動告一段落回家，馬上倒頭昏睡，直到該準備晚餐、接小孩的鬧鐘響起時才醒來。

新設在關東路的議員服務處開幕日，我和鄰居媽媽負責打掃、把桌椅搬定位，那天眞冷，加上星期一市場沒營業，行人稀稀落落，我們就站在門口，每個經過的人都會很好奇地打量我們，我們也看著他們，竟然有個穿藍色外套的阿伯騎機車重複繞了三趟，於是我伸出很乾燥的右手左右揮了幾下，那種感覺起初很像是：「嗨，需要洗車嗎？」

我們很快就克服心魔，只要看到有車或人經過，就一直揮手，每十個人會有七個人回應我們，跟我們揮手、搖下車窗跟我們比讚，或者對我們說：簽了、我不是這裡人、我的戶籍不是在這裡、加油。還有一臺機車雙載，我揮手揮到後座乘客把手舉起一半揮兩下回應；那時候我心想：「我是不是太逼人了？」但我沒有打算修正。任何經過的人，我們都會說「來簽二階罷免哦！」有位先生很有趣，他正要走到對面小吃店吃午餐，他邊走邊回說：「去吃麵！」我說：「那你吃完再來簽。」果然他說話算話，還拉著同事並肩走過來簽署。

新的議員服務處恰好位在三角窗，也是垃圾集中的區域，中午叔叔阿姨都出來等垃圾車，我們就一直說來簽二階罷免書哦！第一個把垃圾拿出來的阿伯，還真的倒完垃圾就坐下來簽。

## 大開家庭代工連署包生產線

眞心感謝每一個願意爲臺灣停下腳步、簽連署書的你們。謝謝儘管眼睛不方便，也來簽連署書的你，還送兩大袋的點心給我們。在街道上對我們微笑、給我們雙手讚及喝不完的飲料的你們。謝謝簽完連署書還默默地從背包拿出一盒牛軋餅給我的大男孩，他靦腆地說：「眞的很好吃，一定要吃看看！」

去過宮廟、竹北高鐵、迪卡儂、公園等地進行連署，雖然免不了有人來鬧場，但溫暖的回應數都數不清，這些回饋都成爲我們再次站上街頭的養分。

最有意思的是，家庭代工連署包的生產，直到二階送件後，還有人感謝我們。一開始，只是我和孩子包了一百份連署包，準備出攤使用，豈料在城隍廟廣場發放的那天，效果奇佳，騎士們都很樂意收下，不到一小時就全部發完。我在廣場就地包起了連署包，隔天我又準備了一些送給在巨城宣講的士凱超人。

整個四月，我們幾乎都在家庭代工，開產線接案，從五百、一千、兩千到一萬伍千包，從竹市包到竹縣。產線人力至少要兩人一組，我的臺派鄰居都好優秀，只要我接到單，就會有人把KPI訂出來，大家都二話不說，有空就坐定位，最多時是十二人一班，常態是四到五人。每次接單前，我都擔心鄰居太辛苦不敢立刻答應，因爲媽媽們已經包到擦起藥膏、貼起藥布了，沒想到她們總是說：「你就接吧！」如果不是大家捨棄追劇、翹瑜珈課、離開舒適的沙發，確保產線全開動工，根本無法完成。當時，竹一不好意思一直下單，乾脆來訊詢問如何分配連署包工作及流程，我索性把生產流程鉅細靡遺地寫給他們：

家庭代工常態五人，備料兩小時／摺連署書三人、摺文宣一人、蓋急件章（含收件地址及填寫說明）；兩個小時後，兩人開始包裝／摺連署書兩人、摺文宣一人、所有文件裝袋一人、撕膠條一人（視情況摺文宣）；備料一定數量後／一組包裝人員裝袋及撕膠條，約二十分鐘包一百份；如果同時有兩個裝袋工，一個人撕，十五分鐘一百份，一小時能產出三百份，一天約五至六小時（含用餐時間），可達一千份；若備料全部完成，同時有三條包裝線，一天可以產出一千五至兩千五百份。

連署包是衆志成城的工作。從面紙文宣定稿、下單製作、跟催到貨、採購自黏袋、到各個服務處去集結空白連署書、各種文宣，影印塡寫說明及收件地址、討論連署包呈現方式、產線開始排單生產、交貨、派報工讀生、路線安排或小蜜蜂及出攤志工的發放，以及中間串連每個環節的志工們，缺一不可。

## 把擔憂化爲行動，用意志影響意志

有一次回南部參加家族親友的婚禮，是一場路邊流水席婚禮，那是在我狂熱投入罷免之後，家族都被我的罷免熱火鼓舞，最後大家齊聲高喊：「大罷免！大成功！」結果我完全燒聲！親戚們以爲我是街講講到沒聲音，其實是因爲感冒呀。

說實在的，當志工說不累是騙人的，母親節正值收件高峰，但是看到孩子送給我的卡片，好像吃了大力丸似的，我淚水潸潸，頓時覺得太值得了。

「親愛的媽媽：

謝謝你煮晚餐給我們吃，

照顧我們全家，

因為我們，

所以你停下工作。

我覺得你是全世界最勇敢的媽媽，

所以會大罷免大成功，

也祝你母親節快樂，

有個美好的一天！

Happy Mother's Day」

踏上這條參與罷團志工之路，我想分享曾經看到的一段話：「拜託大家，請把慣性失敗主義收起來。把擔憂化爲行動，用意志影響意志。是大多數的人堅持大罷免、支持大罷免，罷免才可能成功。不是因爲保證會成功，才去支持罷免。」

作爲戶籍在新竹的公民，不分先來後到，一定要同意罷免高虹安，一定要同意罷免鄭正鈐，一定要記得投票。

罷免高虹安，新竹才平安；罷免鄭正鈐，臺灣才安全。

守護台灣人
守護台灣人

# 願下一站，通往幸福

舉牌從來不是既定的計畫，我只是順應著自己的心，在臺灣有需要的時候，帶著手板站出來。沒有特別的出場，時間到了，也只需要無聲地退下。處在狂人的世界，能掌控的，只有自己的心志和意念。

Lydia
新竹舉牌志工

我是臺灣的志工，Lydia。第一次一個人在街頭舉牌，是二〇一九年十二月。隔年一月十一日是總統大選，當時贏面呼聲最高的，是臺灣第一位走進中聯辦的地方首長韓國瑜。不想只是無能為力地看著令人揪心的選情，於是我試著用行動化解憂慮，離開網路同溫層，帶著自製手板到清華大學的校門口舉牌。站著站著，站出了好幾位朋友一同前來舉牌的寶貴記憶，總統大選也順利落幕。

## 重溫「一個人的浪漫」

四年後，惡夢竟又上演。看著檯面上親中的總統候選人柯文哲、侯友宜高漲的氣勢，亡國感的焦慮與日俱增。即使在臉書發聲，卻因關鍵字降觸及而難以擴散。我決定再次透過實際行動，逆風飛行。

二〇二三年十一月，我展開為期兩個月的舉牌之旅。與四年前不同的是，我不再固定一處舉牌，而是順應生活型態轉變，孩子的課程在哪裡，我就利用空檔在附近路口舉牌。此外，爲了讓每次舉牌的內容能結合政局變化即時更新，捨棄用電腦列印的做法，改用奇異筆直接寫在手板上。

每次載孩子到外縣市上課，我就邊開車邊想新的舉牌內容，停好車開始寫，寫完就去站路口。就這樣在二〇二四年總統大選前，舉牌的足跡橫跨臺北、桃園、新竹和臺中。

由於我的舉牌行動在網路上被關注，有幾次能與熱情的朋友相伴同行，留下珍貴難忘的回憶。大選過後，一方面自己不是公衆人物，另一方面是已完成階段性任務，於是我不再公開自己的舉牌照，只留下幾則朋友好意前來助陣的貼文。

想不到一年後，罷免連署的公民運動風起雲湧，我又帶著手板回到街頭，重溫「一個人的浪漫」。

## 表態並不丟臉，勇氣才能改變人心

由於我的生活型態需要頻繁跨縣市往返，能運用的空檔並不固定，因此沒有加入罷免團體擔任志工，而是利用零散時間，不定點的機動舉牌，呼籲大家參與罷免連署。

自二〇一九年第一次站上街頭起，我就選擇不遮掩自己的面容。除了想傳達「表態並不丟臉」的信念，更明白唯有親自實踐自己的想法，才有帶來改變的可能。

臺灣在與時間賽跑，只要有機會站路口，不論天候好壞，我都會努力把握。新竹的強風總是說來就來。風大時，我必須用雙手才能撐住板子。下雨時，撐傘穿上防潑水的外套，選最繁忙的路口，盡可能地舉高手板，讓更多人看到。紙板濕了，可以再寫，臺灣的未來絕不能丟掉。遇到晴朗的好天氣，是手牌曝光的最佳時機，即使當下路口有遮蔭處，我也只挑沒有遮蔽的地方，讓手牌顯眼地與大家相會。

從一階到二階，在交替的季節、氣候與天色中，我與手牌一起經歷了清晨的破曉、中午的豔陽、傍晚的暮色，還有夜晚的星空。再冷再熱、或晴或雨，我只有一個念頭，那就是不要輸給自己。珍惜每一個可以爲心愛的臺灣努力的機會。

## 用笑容展現公民的力量

眼見社會充斥太多不肖政客的荒謬言行與扭曲的價值，我要用正面磊落的姿態，直指該被淘汰者的失職失能，用笑容迎戰毫無羞恥心的叛國附庸。人民並不是無知的弱者，公民才有資格大聲。每一張在街頭舉著手板的影像中，我都用笑容展現公民的力量。沒有比微笑更適合的表情了。

這段宣傳連署的日子，我最大的改變，就是從一開始的靜態舉牌，逐漸轉變成爲機動連署小蜜蜂，最後甚至主動出擊，直接詢問路上往來的民衆。會有這樣的轉變，是因爲每每舉牌上工，不時會遇到民衆問我可不可以就地簽連署。原本我都是把連署站的地點與地址告知對方，但面對二階送件連署份數不足與時間逼近，我開始轉換想法，覺得自己應該要把握每一個能幫忙收到連署書的機會，所以每次上街舉牌時，我也備妥三十五區的連署書，讓想簽的民衆能馬上簽寫，兼顧宣傳與收件。

二〇二五年五月上旬，竹二成功送件後，距離安全份數還有很大差距，我不能就此鳴金收兵，於是在五月底前繼續努力收連署書。這期間在竹東街頭，因緣際會遇到一位憂心局勢的阿姨，她兩度與我碰面，只爲了將一份友人的連署書交給我。可惜的是，收到連署書時我發現塡寫有誤，無法遞送。不忍阿姨失望，加上那時竹二罷團尙未推出到府收件專線，我臨時把自己的聯絡方式給她，告訴她我可以專程去收，請她讓朋友重寫一次。後來阿姨眞的打電話給我，我也依約從新竹開車前往。萬萬沒想到，阿姨給我的不是一份連署書，而是永誌難忘的八張情書。

五月下旬遇到連續大雨，以收集連署書爲第一要務的我，再次調整做法，讓手板先休息，改成帶著用板夾夾好的空白表單，直接在街頭詢問民衆要不要簽罷免連署。主動出擊反而收到意想不到的效果，獲得許多立卽簽寫的珍貴情書。

## 讓下一站，通往幸福

這次從北到南，我看見了許多不曾見過的風景。除了臺北、新竹縣市和臺中，最遠去了一趟南投。從市區轉換到鄉鎭，眞是全然不同的體驗與感受。不論是週末的新社市場、傍晚的新豐黃昏市場，或是清晨四點開車到竹北、湖口和竹東的市場，每一處都有各自獨特的風情。

因爲舉牌，在街頭與闊別多年的朋友重逢；因爲舉牌，和許多朋友結下相識的緣分。網路傳播無遠弗屆的威力，更讓我收到來自生活圈好友的鼓勵，以及網友們溫暖動人的相挺。

整場大罷免行動之所以能衝到這麼多區域進入第三階投票，全是因爲有一群不計辛苦、默默付出的志工，他們是眞正的無名英雄。沒有人應該平白無故吸收負能量而不感到難受，沒有人在外奔波而不感到疲憊，但志工之所以願意承受這一切，是因爲他們把臺灣的未來看得比他們個人更重要。他們壓縮自己的生活，犧牲與孩子家人相處的時光，貢獻本該休息的時間，這些層層疊疊的在乎與行動，成就了超過一百二十萬份的連署，讓被黑暗籠罩的臺灣，出現一道充滿希望的光。

太多志工的故事，都比我更值得寫在這裡。我無比榮幸，能在守護臺灣的道路上與他們同行，一起爲心愛的島嶼，貢獻一份心力。

舉牌從來不是既定的計畫，我只是順應著自己的心，在臺灣有需要的時候，帶著手板站出來。沒有特別的出場，時間到了，也只需要無聲地退下。處在狂人的世界，能掌控的，只有自己的心志和意念。

大罷免拚的不是政黨間的輸贏，而是臺灣的生死存亡。用罷免清除國會的敵國內應，是最直接有效降低敵人犯臺機率的做法。臺灣非常需要我們用手中那一票，讓無良的立委不能再把持國會、左右臺灣的命運。臺灣沒有退路，更沒有輸的本錢。我們從事的是一場守護家園的終極任務。

# 也許自己還能再多做點事

發生太陽花運動時，當時的我很冷感，但因爲有這些人，我這接下來十年才能過得舒服安逸。今天我出來舉牌，也是爲了接下來的十年，期盼我們也能平安度過，也希望更多像我這樣的平凡人站出來，一起守護我們的家園。

EVA

新竹志工媽媽

## 堅定爲孩子盡全力

剛過去的這個冬天，感冒的人特別多，我的孩子連續發燒兩三天，怎麼吃退燒藥都沒用。第四天趕緊去掛急診。到了兒童急診，沒等待太久，醫生就安排檢查問診。想到現在的香港人看病要排隊半年，如果哪天中國人大舉入侵臺灣，我們還能擁有且使用這樣的醫療資源嗎？我的孩子還很小，未來如果是在中國人的治理下，他們會過什麼樣的生活？我憂心忡忡，更堅定要爲孩子盡全力參與罷免運動的動機。

等小孩病好些，恢復上學之後，我和L就著手安排在新竹縣市積極發文宣。一月中，大學學期結束，多數學生就會返鄉放寒假，我得趕在學校放假之前發放文宣，希望這個議題能在過年期間持續發酵。

我約莫在二〇二四年五月中開始舉牌，當時眼看立法院的狀況，感到無能爲力，覺得需要做點什麼事情。年初，總統大選前時，有一位媽媽 Lydia 舉牌希望大家能重視這屆總統及立法委員大選，我帶著小孩一起去和她舉牌，她很感動我們的聲援，其實我才是被她感動的人。

## 媽媽們從彼此陌生到串聯起來

二〇二四年初總統大選後，我持續關注立法院動態，國民黨和民眾黨意圖要架空總統職權，事態已非常嚴重了，正常國家的國會議員不可能這麼做。看到撲馬沈伯洋在立法院講臺上被摔下來，非常煩憂，覺得自己要做些什麼，就想起L當時也是舉牌，用她個人的力量，引起大家注意，我想自己是不是也能這樣做。

不像L自己會寫手舉牌，我在網路上找合適的資料和文字，印出來，找人多的地方開始舉牌，希望有更多人注意到立法院的狀況。可惜我既內向口才又不夠好，不然我會拿著麥克風去人潮眾多的地方街講。

之前，我已經追蹤許美華的臉書多時，每次看她的發文都覺得她和奇遊團當年擋紫光的事好偉大，當時如果沒有他們，臺灣的科技業還能有今天的繁榮嗎？我跟她分享自己做的事，只是想讓她知道，也有人一起爲臺灣的未來努力。

美華把我舉牌的事寫出來後，接著有些新竹媽媽也希望參加舉牌、和我聯絡上，給我打氣或彼此取暖。陸續聯絡上二十幾位媽媽們和科技女力，有些是全職媽媽，有些是帶職媽媽，有些是單身女性，我們本來都互不認識，透過美華牽線，把大家串連起來交流和分享資訊。

青鳥運動在立法院集結後，我希望人們繼續關注國會的惡搞，夥伴B媽說她向女力護國申請文宣幾百份分給我，我們各自在新竹縣市找點發放，塞信箱或塞機車，一邊持續關注立法院狀況。

## 「校園拒絕統戰」

二〇二四年十二月時，馬英九基金會邀請中國學生訪問臺灣，中國學生參訪高中、大學，卻有多次矮化臺灣的發言，臺大、清大、陽明交大學生發起「校園拒絕統戰」的串聯，這些事件讓我想再做點事。我搜尋網路的文宣，大量印製。印了幾百份，詢問白天有空的媽媽一起發，配合她們覺得適合的地點發送，我自己也在新竹縣市的四、五所大學附近發放。

立法院狀況持續惡化，我約了五位媽媽，有人請假來，有人帶著小孩來。我們討論還可以做什麼？有媽媽就建議說發面紙，至少拿到的人還可以用一下，讓宣傳時間長一點。說動就動，我開始找合適的圖文，再和夥伴嵐討論編輯印製內容。爲了不要讓拿到面紙的人丟掉外包裝，我們想出一個點子，就是在面紙上，除了宣傳國會亂象也加印佛祖保佑的圖文。第一批我們先小量印製了一千份。

二〇二五年一月中，看到美華的粉絲肯尼發起LED車繞行臺北市，夥伴嵐說新竹也很需要繞一繞。隔天立刻尋找廠商及群組群友提出集資宣傳車。當下，有人說可以課金，接著好幾個人一直加一，看大家很踴躍，我們先集滿一臺車費用，立即匯款給廠商，進行文宣製作。

三天後第一臺LED宣傳車帥卡出車了，群組幾十位女力們，支援以群組課金共出了四臺車。我告訴美華想用車子的念頭，她說還有好多人想課金，於是，從一月十七日到二十三日過年，前後共七天，車子跑了二十二個時段，分別跑新竹縣市、桃園，金主包括新竹縣市民、桃園縣民、臺北市民等群組。

## 帥卡出巡讓大家更有拚的勇氣

帥卡上路的第一天，有請假騎摩托車追宣傳車的媽媽；還有跑步時特地找車子經過路線去等的媽媽，拍照留下帥卡身影……。宣傳車也安排週末行程，有媽媽專程帶著小孩出來看帥卡。夥伴M說，這次帥卡出巡有讓大家更有勇氣拚的感覺。

宣傳車梭巡期間，曾聯絡過一些在地粉專版主，我也詢問她們如何安排帥卡的巡迴更順利。於是，有人請假幫忙跟車，在社群實況轉播目前車子抵達位置，有社群的人很想跟車子拍照，就讓車子停在合適地方供合影。不過，帥卡費用太高了，無法一直用。

我有意透過新竹媽媽群組，試著讓更多人關心立法院惡意刪除預算的問題，群組裡遇到有位媽媽W來聲援我，才發現她也是宣傳車的金主之一。我們保持聯絡和分享資訊，農曆年之後，她問說可以揪民防課還是急救課程嗎？L先問了黑熊學院，但開課人數門檻較高，後來W找了本地的急救教練開課。黑熊學院的民防課程，L也先跟講師預定了時間，再慢慢揪人。

## 難免會覺得孤單

宣傳車進行的同時，面紙也送到了，因爲要帶小孩，沒有時間可以發送面紙，由夥伴嵐安排第一批的面紙發送。當時規劃發送新竹高鐵站外圍、還有新竹火車站，新莊火車站和竹中火車站附近停放的機車，我們把文宣面紙塞在機車座墊上，一輛一輛車塞好塞滿。有些夥伴認領了面紙，剛好竹二也開始第一階段連署，他們就帶著面紙到連署攤位發放給民衆，或是找附近合適的地方發放，這些文宣品發送都趕在過年前完成。

進入第二階段後，大概在二〇二五年四月底左右，我抽空到新竹縣幾間大學附近發文宣或是塞機車，遇到兩位女同學，我問她們知道最近立法院砍學費補助和租屋補助嗎？有沒有影響她們？其中一位同學說砍租屋補助有影響，我又問那有注意最近的新聞嗎？她們說很少看新聞，接著再追問有聽說罷免立委的事嗎？租屋補助有影響的女同學說有聽爸爸講，我問她知道爲什麼要罷免立委嗎？她說她爸很討厭國民黨，以前全家都在中國，國小念到四、五年級才回臺灣，如果中國眞的犯臺，臺灣人會很慘。

我問她住哪？簽罷免連署了嗎？她住臺北，因爲還沒滿二十歲不能簽，但她爸應該已經簽了。很謝謝她們願意聊一聊，其實自己在做這些事難免會覺得孤單，懷疑這樣做有用嗎？但只要有人願意多了解一些，我就覺得是值得做下去的事。

在新竹市的大學口外，想直接發文宣給學生，經常遭到婉拒，有點心灰意冷。終於遇到一位學生收下我的文宣，問他可有時間聽我說現在立法院發生哪些事，還有中國意圖侵略臺灣的事，他居然願意聽；我也反問他，如果被中國強行統一會有什麼影響，他覺得可能就沒有言論自由，健保使用會受影響等，我覺得跟他談了之後，至少讓他開始想這件事，多一個年輕人思考這件事，總是有收穫的。

## 真的不想只走到這裡

我就這樣一直到處支援，從新竹市到新竹縣兩個選區。雖然不在任何罷團組織裡，但我會追蹤罷團資訊或根據媽媽群組的分享，看她們有什麼需求，我能支援就去支援，新竹縣幅員廣大，有交通工具我就跑比較遠去支援，發連署包、出攤，累了就休息，一邊支援，一邊也要安頓和調適自己的生活，照顧好家庭。我們這些竹科媽媽，常常覺得心很累，互相打氣。不少人是全家一起動員大罷免，很幸福，但有些夥伴的先生很難對話，我們在前方拚命，她們更需要心理上的支持和安慰。

一路上我也常因身心疲憊，私訊美華姐消除疲勞，她就幫我發文分享志工心情日記：

「今天天氣爆好，早上天后宮菜市場大概走了兩小時。今天來兩位男士支援，真的很感謝，一位是清大碩士生，一位長輩週一也有來支援過。」

「今天新竹志工媽媽也動員打電話去各處求救，找很多人一起打電話，請每個人再去多拉幾張連署書。」

「有很多想分享的心情，真的不想只走到這裡。真的希望竹一不要掉隊，能夠在週末送件，而且順利進入三階投票。」

「明天送件前最後一天，希望天氣好，我們一樣會出攤。」

竹一罷免徐欣瑩最後無法通過二階，夥伴們都有些低落，但我仍繼續關心國家的狀況，中國對臺灣的侵害從未停手，近日新聞報導說中國的芬太尼和依托咪已進入到國際。而臺灣是距離中國最近的國家，中國不僅荼害臺灣文化還危害人民健康，中國的新興毒品也已悄悄進入臺灣了，可能化爲容易取得的樣子藏在我們生活中了。這些事讓身爲媽媽的我很憂心。

一個人的力量有限，只能盡可能設法讓更多人了解中國侵略臺灣已經是進行式，爲了小孩的未來，只能做一點是一點，期盼更多人覺醒。以前我很少注意時事，也很少看新聞，十年前太陽花運動時，媽媽看新聞說：「立法院外面有很多人聚集。」我看到只覺得：「哇！怎麼這樣！」當時的我很冷感，但因爲有這些人，我這接下來十年才能過得舒服安逸。今天我出來舉牌，也是爲了接下來的十年，希望我們也能平安度過，也希望更多像我這樣的平凡人站出來，一起守護我們的家園。

# 「It is my duty.」我們會把臺灣接起來的

大家都說這裡是艱困選區，所以每一張連署書，都是一段特別的故事。每個忐忑不安的眼神、每個慎重書寫的名字、每個感謝、每聲加油、每次風雨無阻、每次不辭老遠，都在訴說著一段勇敢的故事，就像初戀的情書。

詹武龍
竹一罷團志工

## 這絕對不是結束，反而是新竹縣民主進步的開始

「你知道人被黑洞吸進去會怎樣嗎？」

「蛤？我不知道耶。」

「在我胸口就有一個黑洞喔。」

「呃，你那個叫創傷啦，休息兩個星期了，沒有好一點嗎？」

「之前每天忙到昏天暗地，根本沒有感覺到受傷。停下來之後，才發現，原來破了這麼大洞。」

「待會聊吧，車隊要出發了。」

雨一直下個不停，那天我們要掃街謝票。宣傳車帶頭，後面跟著摩托車隊，掛著橘紅色的關東旗，浩浩蕩蕩在往昔熟悉的街道上，迎著風雨緩緩前進，擴音喇叭播放著志工紅豆妮錄下的謝詞。

「各位親愛的鄉親大家好，我們是罷免徐欣瑩團隊，感謝新竹縣第一選區民眾的支持，今天才有一萬九千五百二十一張連署書的成績。雖然罷免沒有成功，不過這絕對不是結束，反而是我們新竹縣民主進步的開始。每一份連署書都是我們對臺灣的疼惜、對下一代的守護。很感謝這麼多新竹在地的鄉親和我們一起努力，共同守護臺灣，感謝大家。」

就在兩個星期前，罷免徐欣瑩第二階段連署送件，清點後，就差一點點，我們還是失敗了。

擋風玻璃上的雨滴像是眼淚一般，雨刷一直擦個不停。往事歷歷在目，思緒漸漸回到一年前的夏天。

## 心中的孤獨感卻更加強烈

二〇二四年五月某日下午，一樣下著大雨，獨自一個人從新竹來到立法院旁的青島東路。穿著輕便雨衣，坐在塑膠椅上，聽著臺上慷慨激昂的演說，但心情彷彿像來參加喪禮。

「只有大罷免才能解決國家的憲政危機！」

有可能嗎？雨水徬徨不安地從臉龐滑落。

接近黃昏時雨停了，下班下課的人潮不斷湧入，但是心中的孤獨感卻更加強烈。在中國國民黨一黨獨大二十幾年的新竹縣，眞的有可能改變嗎？背著巨大的問號，一個人從青島東路獨自回到新竹。

時間轉眼來到二〇二五年初，各地大罷免的號角響起，熱切搜尋著「罷免徐欣瑩」，迫不及待加入ＬＩＮＥ社群。

「可以開始罷免了嗎？」

「還沒喔沒有人發起。」

「徐欣瑩不可能啦。」

「新竹縣太難了。」

## 這臺破車一路吵吵鬧鬧、一直掉零件

群組裡瀰漫著悲觀的氛圍，就在看似無望之際，爲了罷免辭掉二十年工作的Cynthia跳出來擔任發起人。當天立刻就票選出隊名、標語、並設計好LOGO、開始製作提議書。原來大家都等得不耐煩了。

我們是全臺最後一個成立的罷團，必須用跑百米的速度去完成三千公尺。爲了趕在加嚴版新法生效前完成一階送件，在非常有限的人力下，過年期間每天開出早上九點到晚上九點的班表。雖然站點很少，但我們還是在二月的淒風苦雨中，用兩週的時間完成了不可能的任務。

「到底能不能用電腦輸入、列印簽名啊？」

「這張字寫成這樣可以嗎？」

一路摸著石頭過河，志工常常是自己懷著滿滿的疑惑，又要表現堅定地回答民衆的問題。

完全沒時間休息直接就要進入二階，因爲承載著民衆深深的期待。

有一位八十幾歲的老先生，他們夫婦跑遍半個竹一選區收連署書。他從戒嚴時期就在街頭跟軍警對抗，對臺灣的未來感到憂心忡忡。

我鼓起勇氣告訴他：「我們會把臺灣接起來的，請您放心。」

這個承諾之所以艱難，因爲要兌現實在非常痛苦。最困難的莫過於內部的磨合。一群互不認識、工作習慣不同的人，必須在極短的時間內，完成高難度的挑戰。

「爲什麼文宣都截稿了還一直修改？」

「就改幾個字而已，有這麼困難嗎？」

「明天的班表還缺很多人！」

「爲什麼都沒人回答這個問題？」

「這個需求要跟誰反映？」

「志工群組又開始吵架了！」

「我之後就沒辦法來幫忙了喔。」

這臺破車一路吵吵鬧鬧、一直掉零件，但我們卻不能停下來，只能祈禱衝過終點之前不要解體。

## 我們都害怕放手，但是握著又好燙

這群志工犧牲了家庭和工作。高景推遲了婚禮、甘迺迪快被老婆休掉、趕場出車禍的二十八、Sky從臺北下班跑來、罐頭要趕回苗栗工作、凱西抱病苦撐、小飛俠到處支援、阿邑帶著三個小孩來顧站、阿貓在一片混亂中把關西帶上軌道、統籌新豐總部的Robbie、鎮守民進黨新竹縣黨部的一四五〇、默默出圖的美編組、空戰最前線的網宣Rae，還有許許多多的志工，他們的故事說也說不完。

吵架退出時有所聞，Smile離開去支援竹二、原本山從別團跑來、修意開啟單兵作戰模式、有人離開後再歸隊。因爲我們都害怕一旦放手，國家就沒了，但是握著又好燙。

大家都說這裡是艱困選區，所以每一張連署書，都是一段特別的故事。每個忐忑不安的眼神、每個慎重書寫的名字、每個感謝、每聲加油、每次風雨無阻、每次不辭老遠，都在訴說著一段勇敢的故事，就像初戀的情書。

當然通常並不順利，很多人都是匆匆走過看也不看。我們的布條不斷被破壞，連署站屢屢被施壓，少數反對者會直接來對志工叫囂謾罵。

「你們都拿錢！」

「吃飽太閒！」

「罷免賴清德！」

但還是有像深藍家庭的I人老師、在中國工作過的 Hilda、曾加入中國國民黨的 Tonny，這些背景的人來當志工。中配全臉包緊緊來連署，越配邊寫邊說：「你們都不知道共產黨的厲害。」

## 只要這個天秤開始晃動

二階到了中期，連署進度一直嚴重落後，看著每天愈來愈大的缺口，我們不停地開會檢討、研擬對策，尋找還有機會的突破口。大幅改造組織、授權分工，讓各區域總領隊能夠即時應變。收件狀況不好的連署站轉型爲連署包加工廠，提供彈藥給小蜜蜂們投遞信箱，新竹縣這個選區很需要陸戰，很多人根本不知道大罷免。

我們深信，這場大罷免的本質是護國戰爭，不是個別選區的作戰，後期一定會有各地的援軍來支援，所以我們必須撐到那個時候。隨著各地罷團送件捷報不斷傳出，外縣市結束二階連署的的志工們沒有休息，開始馳援各個艱困選區，包括竹一的我們。他們除了補足志工人力的缺口、也帶來了新的想法和戰術，沒有在地包袱，也更施展得開。總領隊之一的Henry連日熬夜分析數據，將人力派往有開發潛力的村里，收件數量開始急起直追。

到了最後一週，愈接近達標民眾連署就愈踴躍。原來並不是竹一很艱難，而是游離選民習慣西瓜偎大邊，原本勢力較弱的那一邊不敢表態，造成一邊獨大的錯覺。但是只要這個天秤開始晃動，地方勢力就會從選邊、轉爲觀望、甚至換隊。在全臺志工聲勢浩大的跨區支援下，我們終於開始獲得地方組織票的支持。

「你們是不是快達標了？」

「你怎麼知道？」

「徐欣瑩派宣傳車出來掃街了。」

倒數告急、熬夜造冊、趕早出隊、完全不顧PTSD。距離目標愈來愈靠近，但是按照進度推估，我們必須收到送件日當天，才有可能達標。

## 我們的對手不是徐欣瑩，而是時間

送件那天上午，大雨滂沱，志工們穿著輕便雨衣站在街頭舉牌、走進市場拜票。讓人絕望的雨勢彷彿在勸告我們投降。只剩八百八十張了，我們相信一定可以逆轉。

中午之後雨停了，連署書從新豐、湖口、竹北、新埔、芎林、關西陸續送回造冊。下午一點，從郵局領回三百多張來自臺灣各地、東南亞、歐美的連署書。

感覺會過！

但這時候，我們的對手不是徐欣瑩，而是時間。

送件日當天收到的連署書，遠超過我們能處理的數量，有可能在送件之前造冊完成嗎？

檢查連署資料、分村里、編號、加封面封底。十幾個志工拚命擦掉鉛筆註記，那是連署人的電話，萬一簽署資料有誤，要聯繫民眾回來重簽用的。是的，我們每一張連署書都是這樣扎扎實實收進來的。

依法，這些註記都要擦除。

已經沒有時間了，連署書必須立刻送去新竹縣選委會。海苔肉鬆把還沒造冊的連署書帶去影印店，我開車載著已造冊的連署書去選委會，一路上電話響個不停。

## 如果故事結束在這裡，就太完美了

下午四點到了選委會，眾人協助卸貨，媒體記者拍照、採訪。新的連署書還是持續不斷湧入，趕緊請求志工直接帶去便利商店影印。

隨著送件截止時間愈來愈逼近，送去影印店的連署書一直沒有回來。

「還要兩小時才能全部印完。」海苔肉鬆傳來令人絕望的消息。

「只要影印一份、不用裝訂、立刻拿回來！」領銜人小柑寶貝一邊接受採訪、一邊焦急地吩咐著。

在兵荒馬亂之際，我請求King帶領志工去支援影印店。「不論有沒有全部影印完，一定要趕在五點半之前把全部連署書帶回選委會，千萬拜託了！」

看著King離去的背影，想起他在志工群組裡的慷慨陳詞。原本住臺南的他，爲了支援新竹，特地在清大附近租了兩個月的房子，從臺南過來支援。有他在的地方就沒人敢騷擾志工，是個值得信賴的夥伴。

時間無情地流逝，在最後一刻，達子大哥載著King回來，帶著最後的連署書衝進選委會大門，在志工們的歡呼聲中，選務委員宣布時間截止。

如果故事結束在這裡，就太完美了。

## 爲什麼最需要下雨的時候沒有雨呢？

選委會樓上的審查現場一團混亂。正本找不到影本、影本找不到正本，還有好多鉛筆註記沒擦，當天深夜要趕飛機的竹一發言人哈比正在拚命地擦。

好不容易終於把正本影本湊齊，再一疊一疊帶去找選務委員要求加件。一本一本拆掉，然後再一張一張放進去。

「我們需要拔釘器！」過沒多久樓下留守的志工就送來四組拔釘器。

但是，看著兩千多張沒有影印的連署書正本，好想要影印機。

依法，沒有影本的連署書無效。

忙碌地處理選務人員的各種詢問，腦袋一片空白，等我回過神時，選務人員已經整理完連署書冊的最終統計，默默等著我們接受事實，我們失敗了。

走出選委會已經是深夜，還有好多志工和民衆守在門口，小柑寶貝發表送件失敗演說。

眼淚流不出來，爲什麼最需要下雨的時候沒有雨呢？

Ching 站在旁邊，頻頻拍我的肩膀，「這不是你的錯。」

可以讓我獨自靜一靜嗎？我胸口有隻異形快要跑出來了。

「這不是你的錯。」

Ching 張開雙臂抱著我。

在人群中看到海苔肉鬆，趕緊過去握著她的手，「對不起，把你派去影印店處理這麼棘手的任務。謝謝你！」

「你不用跟我道歉或道謝喔，這是我的事情啊。」

「It is my duty.」

那個騎著腳踏車去天安門的青年也是這麼說的。

## 輸過一次，讓我們變得更勇敢

謝票車隊抵達目的地，義民廟。雨終於停了。

比預定行程晚了兩個小時，機車隊的志工又冷又餓，卻沒有怨言。

看著褒忠亭，思緒飛到更遙遠的過去。

大航海時代將這座與世無爭的島嶼拉進世界貿易的舞臺，先祖們在這裡奮鬥求生。在那個時代，勝利者擁有一切，失敗者輕則喪失維生的財產、重則失去性命。爲了宗族、村里和部落的生存與繁榮，選對邊一直都是最重要的課題。

我們好不容易創造了民主時代，不論政治立場爲何，都沒有人可以侵犯我們的基本人權。先祖們的血淚，或許能在我們這一代獲得告慰，我們可以創造一個他們殷切期盼的樂土。爲了保護我們的子子孫孫都能活在這個免於恐懼的國度，所以我們才要這麼努力對抗侵略者和背叛者。

「有沒有發現，我們一起出隊都會下雨？」

「其實我現在還滿喜歡下雨的。」

輸過一次，讓我們變得更勇敢。

雖然有創傷，但我們擁有彼此，已經不再孤單。

雖然距離二階成功只差那麼一步，但我們確實撼動了看似堅不可摧的高牆，這些努力不會白費，那會是未來改變新竹的起點。

守護將來
罷免是愛
7/26
罷免投同意
同意罷免

# 爲了能夠自由相愛結婚而罷

「性別議題，就是人權議題，而人權的基石就是民主。」我的邏輯很簡單，「誰支持民主，我就支持誰。」藍白聯手毀憲亂政、親中舔共，大罷免有絕對的正當性。

914
一位泛性戀的
罷團志工

在罷免志工夥伴圈，我的暱稱是914，因爲性別議題加入志工行列，也因此經歷了這場人生難忘的公民運動。

## 這輩子經歷過最刺激的大隊接力

二〇二五年五月十日，是竹一選區二階連署書送件的截止日，當時已是竹二志工的我，當然關心竹一最後能否跨過門檻，於是我和許多志工夥伴都來到新竹縣選委會現場，而後意外上演了一齣在現實生活中難得一見的驚險動作片。

因爲收件時間即將在當天下午五點三十分截止，接力把最後收到的兩千份連署書送去影印，再從附近的影印店送到選委會。我們必須在時間壓力下完成任務，現場氣氛緊張。在衆人引頸期盼、以及選務人員倒數讀秒中，我跟另一位竹一志工大哥King，以百米衝刺物理壓線成功，將最後一批連署書送進選委會辦公室大門。

這是我這輩子經歷過最刺激的大隊接力，雖然最後結果還是失敗了。整個過程被現場熱心民眾拍攝、上傳社交媒體，後來還上了新聞媒體。我本人當時並不知道這件事，直到事後許多朋友認出我，紛紛ＬＩＥＮ我說：「這是你吧！」「你還好嗎？」「你大爆衝！」，我才發現自己跪地喘氣的畫面感動了很多人。

竹一眞的差一點點就衝過二階。

最後幾天全國志工湧入支援，送件當天早上下著大雨，大家都沒有放棄。當天稍早，當我知道龜山有一份罷免徐欣瑩的連署書，需要到府收件，簽過志工保密協議的我，聽到立刻舉手說：「我開車去收。」

這場大罷免，讓我重新複習了很多國字的正確寫法，也讓我發現竹一選區的村里數量非常多、分類非常細，有的地址中間有「頭」這種地區分類，有的中間還有「猪」這種舊式國字寫法，不由得對造冊組志工充滿無限敬意，尤其是上千份連署書在最後兩天瘋狂灌入，竹一造冊志工一定是不眠不休地爆肝作業。

一路艱辛拚戰到最後的竹一罷團送件，是臺灣人展現堅持守護民主臺灣、直到最後一刻都不放棄的拚勁。

## 半導體產業的日常，與世隔絕

來到新竹四年，覺得這裡眞是一個奇妙的城市，外來人口的圈子很小，應該有八成都跟我一樣在科技業上班，每天兩點一線，從公司到家裡來回，中間可能接個小孩，隔天再繼續重複一模一樣的生活。一到連假，大家就往外地或是國外跑，因爲新竹很無聊。

竹一罷團送件後的第一個上班日，我以爲公司同事會跑來跟我說：「欸！你假日很忙喔！那個壓線送件也太拚了！」結果什麼事也沒發生。所有人打卡完、九點一到就開始埋首工作，一片靜謐。這應該就是半導體產業的日常，忙到沒日沒夜、活到與世隔絕。

我自認在同行是個異類，不愛購物，熱衷參與社群活動、爲公民運動奉獻心力。我和未婚妻就是在新竹的多元性別活動中相識的，我們相約二〇二七年要辦歡樂的海外婚禮，並且買了房，準備在新竹安家落戶。盛傳二〇二七年阿共要打臺灣，讓我非常不爽，那年我想要結婚啊！二〇二八年我還想去美國洛杉磯看奧運呢！

「吃飽太閒」大概是罷團志工最常被諷刺到耳熟能詳的一句話了，但這句話，其實對我還眞的有幾分眞實。

在農曆春節快結束的那幾天，各地罷藍委的罷團正在衝刺第一階段。面對國會被藍白聯手胡搞的一連串亂象，我在新竹悶得發慌，一看到竹一罷免徐欣瑩的罷團徵求志工的消息，頂著寒流，二話不說我就報名上街舉牌了。那時還在一階，志工人數非常少，第一次出隊，認識了許多已有經驗的志工，其中一位

Smile，親切地問我來自哪裡，她對每個路過的人都鞠躬問好，溫暖地請他們來連署。是她教會我「罷免是愛」，有幸與她一起並肩作戰。

## 中國的同志，硬要找異性結婚

參與大罷免的起心動念，一開始是想罷免徐欣瑩，是因爲她二〇二五年一月大砍行政院性平處一千多萬元預算，只剩下三千元，我簡直不敢置信！

我是一名泛性戀，二〇二二年自世新性別所畢業後，沒見過這麼扯的立委！臺灣是全亞洲性別平等第一名的國家，有家暴專線、校園性平機制、《性騷擾防治法》、《性別平等工作法》、二〇一九年還通過了亞洲第一個同婚合法化，以及最近的《跟騷法》。負責性平的行政機關是犯了什麼滔天大罪，預算幾乎全被砍光？如果沒有同婚合法化，我即使在新竹遇到天菜女神，也無法跟她結婚，那我很可能也不會在新竹買房，下半輩子人生可能截然不同。

同婚有那麼重要嗎？是的，至少對我而言。

臺灣的婦女運動跟隨民主化運動發展起來，同婚合法化是一個經典的公民運動，伴侶盟自二〇一二年成立後，不斷進行社會倡議、推出立法建議、監督民意代表、打訴訟、乃至於二〇一七年到憲法法庭聲請釋憲，經由大法官釋憲裁定「排除同性人民之婚姻自由與平等受《憲法》第二十二條婚姻自由及第七條平等權爲不合憲」，而後自二〇一九年依照司法院釋字第七四八號解釋施行法，臺灣同性伴侶終於可以合法結婚。

沒有比較就沒有傷害。就拿宣稱臺灣是中國不可分割一部分的對岸中國來比較，臺灣酷兒的命運有著天壤之別。

我在中國待過八年，二〇〇六年大學電機系畢業後，就到上海的工業自動化法商公司擔任行銷。在那裡，同志幾乎是不出櫃的，他們流行假結婚，明明是同志，卻硬要找異性結婚、辦婚禮，來騙過親朋好友，住在同一個屋簷底下裝正常。曾經有位中國男同志提議給我十萬人民幣，要我跟他假結婚，但被我拒絕了。

## 兩岸的酷兒命運為何差這麼多？

後來，習近平上臺，中國女權主義草根組織更被打壓，社會容不下她們，許多倡議者只好離鄉背井隻身前往美國，繼續爲自己的理想奮鬥，其中有一位朋友，她是中國性少數草根組織「上海女愛」的發起人，現在在美國華盛頓D.C.當訪問學者。演出時，她會穿著國劇全套服裝，背後插著彩虹旗，做行爲藝術舞臺表演。而我二〇一六年回臺，讀了性別所，找到了完美的另一半，未來想成立性別與科技的NGO，這一切在臺灣都是可能的，直到我看到藍白聯手亂砍預算，徐欣瑩直接把性平預算砍到幾乎歸零，我立刻感到這個國家遇到了大危機。

爲什麼明明都是說漢語，兩岸的酷兒命運會差這麼多？很簡單，因爲中華人民共和國是由中國共產黨極權統治的國家，中共是黨國不分的政權，眼裡只有掌權，沒有人權；而臺灣的民主制度，讓我們有言論自由、有選票，可以實行、維護公民被《憲法》所賦予的各種權利。

有些臺灣人認爲大罷免是政黨鬥爭，罷免藍營立委的公民團體就是民進黨側翼、就是挺綠。這種推論當然是錯的，我個人參與罷免當志工，就是爲了我在乎的公民權利，尤其是少數性別權利。

我在公民宣講時一再強調：「性別議題，就是人權議題，而人權的基石就是民主。」我的邏輯很簡單，「誰支持民主，我就支持誰。」藍白聯手毀憲亂政、親中舔共，大罷免有絕對的正當性。

我的政治意識覺醒，從同婚合法化運動啟蒙，到大罷免這段過程，短短幾年讓我大開悟。

## 從小一直以為立委是不會換人的

對罷免這個議題，我原本毫無概念。說來可笑，因爲我老家在新店，羅明才連任八屆立委，所以我從小一直以爲立委是不會換人的，更不要提可以把他罷免這回事。

罷免羅明才的「拔羅波」是一個艱困選區。從網路倡議媒體《沃草》的報導中，我才知道羅明才的父親羅福助是黑道天道盟老大，因犯罪潛逃中國多年，羅明才繼承其衣缽，透過地方勢力支持連任八屆立委。羅明才在新店長期掌控地方勢力，讓罷團志工的罷免行動承受很大的阻力。看到許多影片，志工被驅趕、被肢體攻擊的畫面，我感到忿忿不平，直接衝去賣防身器材的店家，買了隨身警報器、紅外線瞄準器的辣椒水，還有一根可伸縮的警棍。當店家老闆知道我買這些是爲了大罷免公民運動，還送我五瓶辣椒水。所幸這些「傢俬」到後來都沒有派上用場。

不知道是不是牡羊座的性格使然，我一旦決定做某件事，不達目的決不善罷干休。從開始當志工，就幾乎到瘋魔狀態，一下班開會開到六親不認，家事也不做、未婚妻辛苦做的飯也不好好吃、家裡貓咪也丟給她顧，結果差點被她翻臉罷掉。未婚妻用黃色複寫紙寫了一張臭罵我的字條，貼在門上醒目處，我還以為是什麼符咒或是罷團海報，近看才猛然驚覺事態嚴重，趕緊收斂、挽救家庭危機。

那些質疑志工領多少錢的人，永遠不會懂志工不只出力還都自己出錢，愛臺灣、守護民主的心，是完全發自於內心的；那些人永遠不懂，他們的歲月靜好，是前人默默耕耘付出，在一場又一場的公民運動中，無私奉獻才累積而成的。

竹苗地區有很多客家族群，但政治立場多相對保守。為了宣傳大罷免，我很努力地想把客語學起來，以便和客家朋友溝通。公司裡有幾位說客語的同仁，其中一位是負責清潔的大姐，每次我遇到她，都好想擠出自己惡補的客家話：「罷免係愛，爲著後代。」然而我的客語一說出口，就被客語流利的志工朋友說像是在講廣東話，這大概是罷免運動中唯一令我感到挫敗的事。

但也因爲如此，我認識了多位客語高手，他們對守護、推廣客語文化的付出，讓我充分感受到愛惜在地文化的心。有一位竹一客語志工紅豆妮，在公民宣講時曾說：「我的祖先是清國時來的，我是臺灣客家人，臺灣永遠在客家前面。」這句話至今仍深深烙印在我的腦海裡。

## 林思銘身爲法律人，修了五個惡法

竹一送件之前，我加入了也很缺志工的竹二罷免林思銘罷團，因爲我的另一半是法律人，她讓我驚覺林思銘傷害臺灣的殺傷力有多大。林思銘身爲法律人，修了五個惡法，其中居然包含修惡《憲訴法》，使《憲法》法庭處於癱瘓狀態。

我鼓勵未婚妻投書媒體，運用法律知識將林思銘的惡行公諸於世。至此，我終於成功拉著另一半下水一起做罷免。

釋憲成功推動了臺灣同婚合法化，若當年無法釋憲，同婚合法化就會卡關。很可惜的是，大部分的竹二選民，似乎對政治漠不關心，有些人甚至連林思銘的名字都沒聽過。

我在高鐵新竹站當竹二志工時，曾經遇到一個少年，他開口就問我拿多少錢，這句話我已經聽到耳朵長繭了，不過那次比較特別，因爲他說他看過《國有器官》，認爲：「中國那麼大，活摘器官這種事情是不可避免的！」我內心十分震驚，決定好好跟他說說。

我先平靜地回答他：「我沒有收錢，身上的罷免工具都是自己花錢買的，我上班賺的錢夠多。」少年一臉自傲地發言，我就一點一滴耐心地回答，因爲我相信對話才能讓不同族群相互理解，化解對立。他認爲，議題都是政黨的操作，我舉同婚的例子告訴他並非如此。我跟他說，公民運動是公民集結起來，一步步基於民主憲政體制去推動，同婚是這樣才得以合法化，不是單靠政黨就能實現的。講到後來，他似乎終於可以理解，何謂公民運動、以及這場大罷免是爲了守護臺灣，不讓活摘器官這種恐怖的事發生在臺灣。

## 自己的家園自己救

一場罷免運動，從一階到二階接近半年的時間，拚到最後，志工們都處於身心壓力緊繃狀態。有志工十分焦慮，半夜夢到被中共打來而嚇醒；還有志工上班開會恍神，一不小心開口就喊出：「大罷免大成功！」我自己也沒從瘋魔狀態中解除封印，有次在電腦前做圖做到忘我，瓦斯爐上的鍋子空燒，差點火燒厝；又有一次，爲了趕在上班前回覆志工朋友的ＬＩＮＥ，開車自撞地下停車場的柱子。卽使在如此的瘋狂狀態，我還是擠出時間去上黑熊學院的課程進補知識，因爲我相信自己的家園自己救，守護臺灣是自己的責任，我必須持續提升能力，爲可能發生的各種危機做好充足準備。

我看到很多志工經常帶著伴侶、小孩出動，有位常出現的志工媽媽，女兒還在讀國中，看來有點靦腆，但很懂事，每次都很認眞地幫忙舉牌！我在這位幼苗小公民身上，看到了臺灣未來民主的希望，也充分感受到志工爲了下一代，身體力行，重視言教身教的大愛。

在這本書截稿的時候，還不知道林思銘的罷免投票結果，但我深切認爲，這個動搖民主根基、處處刪、凍預算，簽名簽成「林公瓜」的荒唐立委，必須被罷掉！他公開發言嗆全國罷免志工說「這場大罷免，就是大發瘋」。「沒錯！這裡就有一位志工這麼瘋！而且全臺灣絕對不只我這樣，是上萬名志工！一百二十多萬公民簽了二階連署書！」像林思銘這樣的不適任立委、黑化的法律人，千萬不要小看公民覺醒的力量！

我也相信，這場史無前例的大罷免之後，臺灣會因此變得更美好、更強壯！

一個人可以走得很快，一群人可以走得更遠，臺灣的民主路上，我們一起繼續向前走！

# 反抗就是愛：一場在苗栗土地上的公民行動紀實

這是一場以情感爲燃料、以人脈爲網絡、以信仰爲支撐、以疲憊的身體爲代價，所編織而成的公民運動。它的每一處行動痕跡，都是對現實的柔性反擊，也是對地方政治文化的有力挑戰。不僅啓蒙了公民意識，更讓人們質疑過往那種「沉默就是中立」的文化，並重新想像自己在公共事務中的角色。

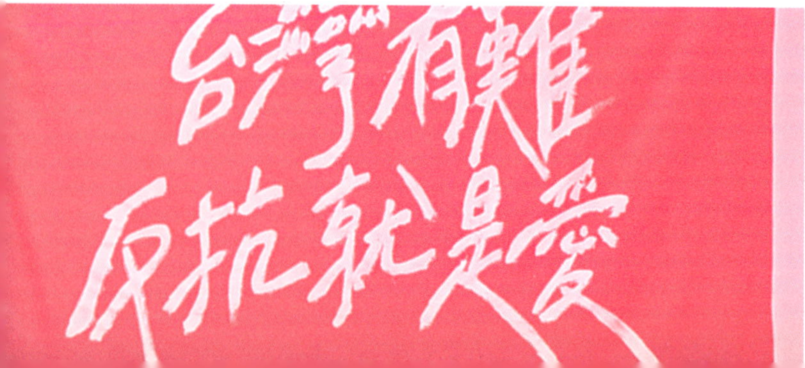


Ami
苗栗罷團志工

## 反抗的開始：九十歲的李喬站上第一線

二〇二四至二〇二五年間，在全國大罷免運動激盪下，一場名爲「苗栗國罷免立委連線」的草根公民行動，在苗栗悄然展開，終於跟上了這列反共護臺的民主列車。這不僅是一場針對不適任立委的民主行動，更是一場關於勇氣、身體、情感與制度對抗的眞實紀錄。

二〇二五年二月十三日，在全國第二波罷免提案送件當日，苗栗第二選區的罷免領銜人因遭受極大壓力被迫辭退，這對行動團隊無疑是一記重擊。就在最困難的時刻，九十歲的文學家李喬老師挺身而出，宣布接任領銜人，他說：「反抗就是愛，臺灣正有難，人民要展現對這塊土地的愛。」這不是政治表態，而是他對文學信仰的實踐。

李喬老師的挺身而出，不只是情感的表白，更如一記歷史的召喚。他曾於一九九五年飛彈危機後寫道：「如不幸外敵內奸來奪取臺灣，我決心在其事況中完成最後創作，以血寫下一部大小說。」這樣的精神延續在這場苗栗罷免行動、在連署書的筆跡中，化作對臺灣最深沉的傳承與承諾。

## 才下病床又上街頭

參與這場行動的我，並不擁有健康、年輕的身體。化療與療養是我的日常，但剛出院、化療藥效未退的我，卻仍一次又一次地回到行動現場。我自嘲是個「很廢的人」，只剩下一張嘴和一雙自由的手，所能做的，就是在社群平臺寫下號召的文字。

苗栗的志工來自不同背景、不同年齡與職業。有騎著重機、掛起戰旗在山城奔馳的青年，有穿梭市場、喊破喉嚨只爲多一份連署的中年夥伴，也有帶著孩子上街的家庭，一起在這場運動中學習公民的實踐。他們背著小蜜蜂，在烈日或寒風中，以身體力行去捍衛所愛的家鄉，在街頭書寫當代公民的意志與力量。

但這場行動，從未為我們帶來任何特殊的保護或豁免。相反地，在設立連署站的過程中，謾罵、羞辱、甚至是公開的敵意，成為我們每天都要面對的日常。在這個人情關係錯綜的熟人社會裡，「我不能露臉」、「我真的支持你們，但我不能簽，對不起」，是我們最常聽到的話語。民眾不是不關心，而是害怕：「我的名字會不會被記住？」「誰會知道我簽了名？」政治報復的陰影，如同一道難以拆解的枷鎖，緊緊地勒在每個想伸出援手的人的心頭。

## 集體的堅持：進擊的苗栗兵團

儘管外界普遍不看好，苗栗的罷免行動卻奇蹟般地凝聚出一支堅毅不屈的志工團隊。有民眾主動提供店面作為設站空間，也有人默默自掏腰包張貼看板、印製文宣。身為領銜人的我，也在白沙屯媽祖遶境的萬頭攢動中，跪地祈求媽祖慈悲庇佑，將信仰與行動深深織在一起。

在最後準備送件的前夕，凌晨時分，中二、中三區的夥伴從臺中奔馳而來，只爲接替我們疲憊的手、幫忙連署造冊。

這是一場以情感爲燃料、以人脈爲網絡、以信仰爲支撐、以疲憊的身體爲代價，所編織而成的公民運動。它的每一處行動痕跡，都是對現實的柔性反擊，也是對地方政治文化的有力挑戰。

這些志工，不是爲了任何政黨，也不是爲了某個候選人。他們只是單純地相信：苗栗可以不一樣，這塊土地值得更好的未來，爲了孩子，我們願意繼續堅持下去。

## 臉書帳號許美華，爲民主點燈

在這場看似孤軍奮戰、實則衆志成城的苗栗罷免行動中，還有一位夥伴，是活躍於網路與實體間、公民行動社團熟知的名字：臉書帳號許美華。

她不是媒體鎂光燈下的主角，卻是無數幕後協力者中的橋梁。在罷免進入最吃緊的第二階段時，苗栗行動代號「三一七，一起刪！」拉開序幕，許美華迅速動員與組織課金公嬤，找來願意資助的民間力量。有人一次包下整臺宣傳車費用，有人從高雄北上只爲助印，彼此從未謀面但毫無懷疑，這是歷經無數日夜溝通而建立的革命情感。

那一筆筆連署書、一車車物資，不只是數據，而是一場戰役中，每一位站在第一線卻無名的志工的心血。

在最緊急的時刻，我私訊許美華：「我要去塞回郵信封了，但苗栗郵局現貨不足又無法轉帳。」她沒有多問，立即聯繫可以支援的人脈，在北門郵局現場，讓我以現金完成取件。短短幾小時內完成調度。她笑稱：「課金請排隊，連半導體業界大哥也不例外。」這句話背後，是她始終堅守的原則：金流透明、支持公開、信任可追溯。

她不是苗栗人，但總在苗栗最危急的時候伸出援手。她是那個安撫、穩住前線的神經中樞；是那位在凌晨兩點還在回訊息、在週末協調宣傳車行程的「公民中繼站」。

我會稱許美華是一個「公民代號」。她不是候選人、不是政黨成員，但她的存在讓我們理解到：二十一世紀的公民行動，不只是站上街頭的人，還靠那些願意相信、願意傾聽、願意接住彼此疲憊的手，讓我們可以一起往前走。

## 民主的陰影：制度信任危機

這場行動，也無可迴避地揭露臺灣民主制度在地方實踐的困境。

苗栗作爲派系文化根深柢固的縣市，地方人情與權力結構盤根錯節，使公民參與成爲一場充滿壓力的冒險。許多民衆即使關心公共議題，卻也不得不衡量人際關係、地方聲望與自身風險。更何況罷團與支持罷團的民衆飽受黑道威脅，最後幾天，宣傳車被砸車，友善店家前面被人惡意燒胎恐嚇。被罷立委更對志工放話說：「我來看看到底是誰想罷免我！」讓苗栗人心生恐懼，導致最後連署書還差幾千份，無法送件。

更令人遺憾的是，制度性政黨與基層行動者之間的連結，未能及時建立。地方政黨組織對罷免行動多採觀望、曖昧的態度，與志工網絡保持距離，導致原本可被整合的能量斷裂，也讓行動者感受到「被孤立」的挫敗。

當制度無法提供民衆眞正參與決策的空間，當政黨缺席公共討論的現場，那些原本應是民主根基的機制，便逐漸失去正當性與說服力。最終，行動者不再相信制度能爲他們說話，只能選擇以更艱難的方式，在街頭、在社群、在連署書的一筆一劃中，替自己發聲。

## 罷免不是結束：將選擇權留給下一代

二〇二五年五月十一日深夜，也就是必須送出二階連署書的前夕，我們全都已經疲憊不堪，卻仍勉力撐著，整理造冊。前一晚我只睡了兩個小時，不是因爲不想睡，是根本睡不下去。眼前的連署書堆積如山，志工們忙到雙眼發直，但沒有人喊停，沒有人想放棄。眼看撐不下去了，前輩立刻緊急撥求救電話，那時已是卽將凌晨時分，根本沒什麼交通工具。神奇的是，一個小時後，五位臺中志工就到了，像巨人一樣地出現，馬上接手、開出造冊生產線，什麼也沒問，默默坐下來，一頁頁接手我們的疲憊。

這不是什麼英雄片段，而是全國各地罷團「心中有愛、有難就衝、有事就挺」的眞實日常。

臺中來的神隊友，一面協助造冊，一面說著溫馨的話語鼓勵我們不要氣餒，一路忙到天亮。我們只能用苗栗市的炒麵、炸鴨血湯、水晶餃招待大家當早餐，聊表心意。不久，竟然又有三位臺中志工出現，交接、輪班，像一場無聲的接力賽。他們接過手，也接住了這場民意的重量，沒人催，也沒人安排。這不是一個人的戰鬥，這是一群人，用時間、體力、信任和愛，拚出來的共同意志。謝謝臺中的夥伴，讓我們在原以為撐不下去的夜裡，有力氣繼續走下去。

遺憾的是，五月十二日，我們難過地確認了苗栗第二階段罷免連署並未跨越法定門檻。然而這場行動所累積的能量與情感，早已超越了數字的意義。每一張簽名、每一個站點、每一次勸簽的對話，都是苗栗人民對民主的溫柔叩問與堅定回應。

那天，我們依然舉行了記者會，不是為了道歉或交代，而是為了呈現這段歷程所孕育出的成果。這是一場「成果發表會」，我們彼此擁抱，也默默為下一階段的行動埋下種子。罷團沒有解散，訊息也從未中斷，志工們依舊互相提醒彼此：「我們還有未竟的事。」

許多志工說，他們第一次踏上街頭，是爲了這次罷免。他們在過程中體會了政治不只是政黨與選舉，也可以是「我們這群人一起決定這個地方要變成什麼樣子」。這場行動，不僅啟蒙了苗栗的公民意識，更讓人們開始質疑過往那種「沉默就是中立」的文化，並重新想像自己在公共事務中的角色。

我們知道，那一天終將到來，不再有「我不敢簽」、不再有「我怕被記住」。人們將能夠自信地爲自己發聲，不再害怕政治，而是願意參與、願意承擔。

這場罷免行動，是一場來自土地最基層的草根民主實驗，它不只挑戰了不適任的政治人物，也讓我們重新檢視政黨制度是否仍能承載改革的期待。若制度性的政黨無法正視這波自發公民能量所傳達的價值訴求，未來將可能面臨深層的信任危機，改革派選民也可能轉向支持更具價值立場的小黨或非典型候選人。

在社會普遍對政治冷感、民眾對代議士失去信任的時代，苗栗有一群人，用身體扛起了對抗不公的旗幟。他們沒有資源、甚至疲憊不堪，卻展現出臺灣民主最真實的力量。

這場行動寫下的不只是罷免歷程，更是一場關於信任、關於制度、關於世代、關於家鄉的深刻對話。這場行動，從未結束。正如領銜人所說：「你可以在外打拚，但不能忘記家鄉正在淪陷。」從李喬的筆，到志工的腳步，從立法院的暴力，到市場裡的連署桌，這些都是臺灣民主土地上，最真實的血與汗。

苗栗沒有失敗。我們用自己的方式，把改變的鐘聲，敲響在這片土地上。

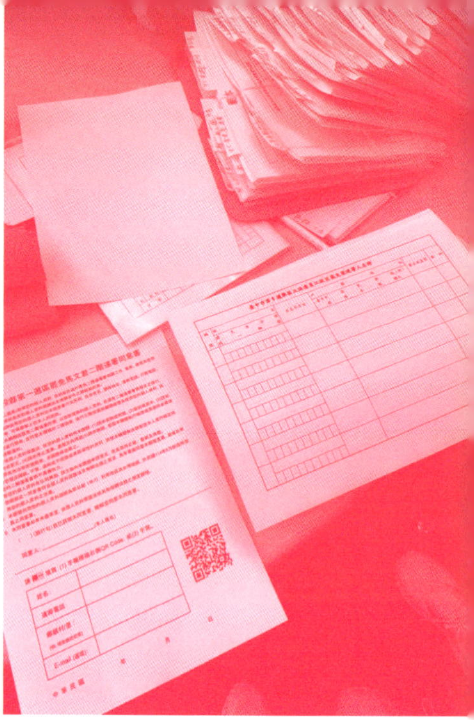

# 小獸醫豁出去，動物診所變連署站

沒有一家派報社敢接派報，鄉間鄰里之間的人情壓力、椿腳偏袒，幾乎無法撼動。走這一趟前所未有的公民運動，像是一場資源不對等的作戰，作爲志工，絕對是豁出去了，苦雖苦、難雖難……

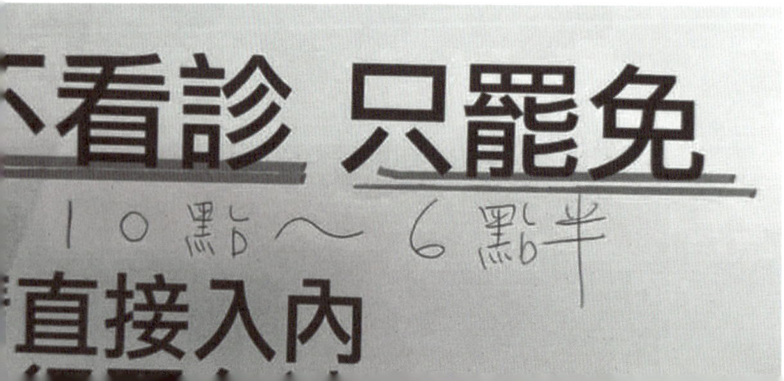


Tina
中二小獸醫

## 為何與平行時空的人同住一座島上

國中一年級時因為對人類不太有興趣，立志要當獸醫的Tina，二〇〇五年時，終於選定非都會區的臺中縣，開啟鄉下小獸醫的生涯。初開業時，先生攻讀獸醫所博士班，只有一位跟著她離開前醫院的美容師，二人一起打拚，當時全心投入診所營運，並沒有多餘精力關心政治，但投票一定會投臺派。

直到二〇一四年發生三一八太陽花學運，Tina和先生體悟到：「你不管政治，無良政客就會來壓迫搶奪你！」當時夫妻倆拉下診所鐵捲門，搭高鐵北上靜坐街頭抗議。從此，夫妻倆更關心在臺灣的政治事件，每每在選舉時，出錢出力外，診所內也像競選服務處，積極遊說寵物飼主，努力幫臺派助選，他們的政治傾向在門口一目了然；換言之，道不同不相為謀，理念不同的飼主就不必進門，以免惹得彼此不開心。

二〇一八年的大選，綁了多條公投，各個題目都讓Tina覺得困擾的那屆，票開出來，夫妻倆投的都輸，縣市長席次臺派慘敗，讓 Tina 頓時有種感覺，自己爲何會與那些在平行時空的人同住在這座島上？整個人浸漬在深切的痛心與失望中。

二〇二四年十月底，在日本旅行途中，Tina 發生過去從未有過的下肢水腫，她不太在意繼續旅行。直到十一月初，連蹲下都覺得腿要漲破，樓梯稍爬幾階就明顯地喘個不止。旅程結束後返臺就診，才知連肋膜腔裡都淹水了，被診斷爲急性心衰竭，雖然對症治療後暫時穩定，後續一連串心臟檢查並無確切答案，就只能繼續休養。

隔年一月，眼看立法院藍白立委毫不掩飾地毀憲亂政，讓 Tina 焦慮起來。見到有人在市場擺攤收連署書，拿了十多張回診所，苦心勸上門的飼主一起參與連署。她同時思考，罷免的發起人一週才一個上午在菜市場擺攤，想簽連署的人都很難遇到，何況 Tina 在臺中第二選區（簡稱中二）一住快二十年，耳聞種種硬磨軟泡、綁樁兜圈的，哪有可能只靠一個人就能扳倒在臺中盤根錯節多年的政治勢力？

## 既然沒被老天收回去

想到自己在日本病痛卻沒一路玩到掛，老天留下她，應該是要做些更義無反顧的事吧！就算萬一診所被查水表或啥的也無所謂，正好趁機退休搬離養老，就當作是兩個小獸醫對於養了他們二十年的地方表達感恩的回饋吧。心意已決後，就和發起人聯絡說，「我們豁出去了，不計毀譽，就是要站出來當連署站！」

Tina和先生兩人聯手力勸發起人必須組織團隊，不能再單兵操作，終於在一月二十二日晚間參與了中二首次的志工會議。當天除了發起人，僅有七人出席，其中只有一位是Tina認識、有選戰經驗的熟面孔，更堅定初生之犢的Tina撩下去的決心。

成為核心成員後方知，在農曆年前、尚未組隊時所收到的連署書僅有一千多份，加上藍白還修法規定參與罷的免連署人必須附身分證影本，使得發起人原本打算收足二階所需的一半數量，再提交成案，變成必須加快速度，趕在農曆年後的第一個工作日提交一階提議書，才能適用舊法。出現這個大變數，逼得創團成員一邊趕緊接手發起人所創的空戰平臺、一邊徵求各區分隊志工、同時拚春節期間擺攤收連署。還有團隊內部也面臨要立刻處理解決幾個關鍵角色的問題，她終於體會「人」果然是最棘手的問題。

## 宛如久旱逢甘霖

就在那個內外交迫的一月底，Tina 焦慮到無法入睡，忽然靈光閃現，顧不得已是凌晨兩三點，私訊平時她在追蹤閱讀的臺派臉書帳號「許美華」，表明：「中二急需幫忙擴散罷免訊息，呼籲外漂的遊子，趁著返鄉過年的黃金時段，趕緊來簽提議書！」還沒傳完各平臺時，許美華竟秒回訊息！嚇到 Tina，以爲是罐頭自動回覆，但卻是活生生、暖呼呼的美華姐在網路那端回應陌生人的求援！接住了 Tina 那顆焦慮的心！

其後幾天，中二臉書粉絲頁觸及率宛如久旱逢甘霖，從百位數跳到千位數。其他核心幹部都詫異何以觸及率瞬間陡升？

未經過團隊討論，Tina 擅自做出對外求援的決定，她不敢招認是自己去討救兵的。之後，陸續有中二消波塊的求救內容，其他核心志工發現應該是 Tina。後續在許美華臉書的大力擴散下，中二在二月三日提交了九五・〇二%高良率的一階提議書。再趁一階提議書查對期間，趕緊準備二階連署。

可是中二選區向來很難，幅員廣闊、難以集市，鄉間聚落之間距離甚遠，資訊傳遞有嚴重落差。加上顏寬恒家族在地方上恩威並濟，鄉間民眾古意老實，很多人受到一點小恩小惠，就投他家一輩子。他們聰明地避採傳統黑道的威脅模式，但鄉間鄰里之間的人情壓力、樁腳偏袒，幾乎無法撼動。

## 手機掉落田間大圳裡

這種處在城鄉間的區域，派報似乎是個突圍的策略之一。Tina 得到美華姐回覆說想派報也沒問題，她可以協助找課金，只是動作要快。

中二決定要派發包含連署書、範例、文宣的信封，但此時，烏日竟沒有一家派報社敢接生意！好不容易找到外地的派報社願意承接，卻受限於人力和時間，必須等一週後才得空。再者，團隊做的傳單，上面沒有「署名」，派報社擔心被認爲是自己主張，不敢貿然派出。被迫趕進度，志工總召迅速拜託一位議員出具簽名，設計組志工火速排版出新文宣，還好印刷廠容許插隊印製。

先前已印好的塡寫範例、連署書也不能浪費，立即找能協助物流的志工收回已給各陸戰點的範例、連署書，迅速送達印刷廠，幫忙加工包摺，隔天新印好的署名傳單與折好的連署書、範例及回寄信封，再次請物流志工幫忙運送到兩個加工點，領回加工組裝。不到十四小時的隔天，兩處的志工們已組裝好兩萬五千隻準備放飛的「鴿子」，五點前壓線送到派報社門口，隔天派發，完成這不可能的任務。

但大肚、龍井則是沒有一家派報社敢接，只能仰賴兩區志工們，利用下班時間，一步步扛著飛鴿，一條條巷子，一里里挨家挨戶細細掃遍、投遞信箱。但鄉間範圍委實太大，路過大片農田，繞開又太遠，只能走窄仄的田埂。走著錄著，錄影的志工手機掉落田間大圳中，其他志工趕快幫忙下水救手機，短袖短褲的女志工勇敢跳下幫夥伴撈手機，堤上的兩位則合力把女志工拉上岸，還沒跳過去的另一位趕緊拍照，他們把這鏡頭傳給許美華，有了這般對話：「手機救到了嗎？」「有，晒乾中～」中二其他志工看到錄影回來的畫面，說：「艱辛又浪漫……」

## 資源不對等的作戰

波折不斷，中二終於壓線提交了一〇九%的連署書。志工們心仍忐忑，繼續掃街放出包含填寫範例、連署書的「鴿子」，持續擺攤收「鴿蛋」，不知要求補件公文何時會來、要補幾件。

同時間，顏家的紅布條像噴了消毒水後到處爬的小強，掛在各種想得到、想不到的圍牆上、兩樹間，中二罷團的官方粉專也不斷收到私訊，民眾抱怨收到鄰長發放住家消毒日期通知單，其中夾帶了顏家的反罷免文宣。

像是一場資源不對等的作戰，反罷方各種干擾花招不停。期間，中二罷團合法申請在農會外圍街邊設立攤位，遭農會人員卻特地跑出來向志工抱怨，說民眾跑到農會裡面問：「有沒有連署書？」「唉呀，我們是行政中立，很為難，拜託你們不要在這裡設攤啦。」

豈知沒過幾天，民眾傳來照片，農會舉辦大型集會活動，每張紅塑膠椅上都放好放滿顏家反罷免的文宣以及扇子！

在查對二階連署書期間，罷團核心都還沒把握究竟過不過得了二階，里辦公室門口，卻已明目張膽貼出顏寬恒的「不同意罷免」海報，中二到處都掛著支持顏寬恒的紅布條，鋪天蓋地宣傳反罷免。

走這一趟前所未有的公民運動，Tina和先生絕對是豁出去了，苦雖苦、難雖難，Tina還是不改愛搞笑本性，不時傳些日常趣事逗逗人：「中二消波塊選區，派出聰明鸚鵡當八免志工：『X寬恒，八免顏寬恒』。」

原來Tina的動物診所，多年前從朋友的爸爸手中接來一隻叫彎彎的非洲灰鸚鵡，聽說是智商最高的鳥，果真聰明。

Tina傳給許美華說：「彎彎進步神速，最近才學會的新把戲，快笑4我。」

Tina說，她最近幾天，只教牠「八免顏寬恒」。「我發誓沒教牠髒話，另外那句眞的是牠自己罵的，不知道彎彎哪裡學來的。」

也許這就是臺灣人從篳路藍縷先人中傳下的ＤＮＡ，就是這樣懂得苦中作樂、求生的天性，讓志工們面對這場護臺灣的保衛戰，可以繼續負重前行。

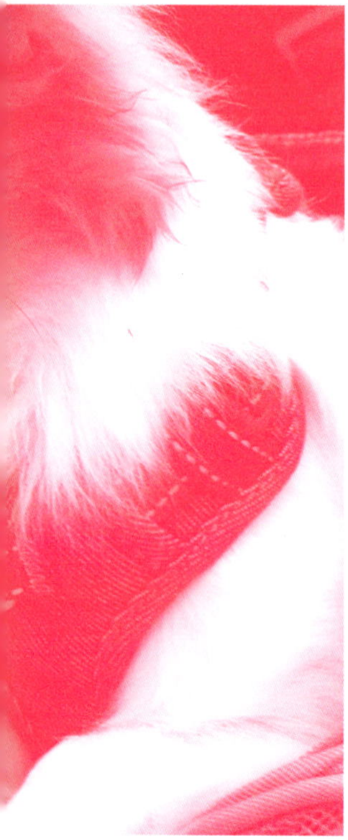

# 我所經歷的一場奇幻民主之旅

「我們不怕！因爲媽媽在做對的事情！我們覺得很驕傲，不會害怕。」甚至有一次我們進行家訪時，被一位民衆瘋狂咆嘯，我整個人被嚇到崩潰大哭，孩子們卻能冷靜地出聲安慰我。

阿美
南投罷團志工

## 焦慮的起點

二〇二五年一月七日，我在自己的臉書寫下：「到底有誰能來阻止這些貪婪的人毀掉臺灣？看著一個又一個瘋狂的法案通過，到底有誰能阻止這一切？」

那是一種極深的焦慮和擔憂，甚至是無助。

過去幾年，特別是香港反送中運動失敗之後，我懷著揮之不去的亡國感生活著。尤其聽聞身邊一些香港朋友的經歷，更是讓我深知臺灣擁有民主自由的可貴。

二〇二四年藍白立委掌握立法院多數優勢，不但沒收討論、拒絕協商，甚至程序不正義地強行通過違憲亂政的法案，著實讓人氣憤不已。然而，在臉書寫下這些心情當下的我，並不知道自己接下來竟然會走上一趟不可思議的驚奇旅程。

「到底有誰能阻止這一切？」

原來，不是期待一位英雄來拯救大家，而是每一位覺醒的公民，用愛的行動，一起來阻止臺灣走向悲劇的未來。

所以我說，罷免是愛，不是仇恨。

## 第一次站出來

二〇二五年一月二十五日，大家忙著趕辦年貨的一個週末，我第一次站上街頭，不曉得哪裡來的勇氣，我竟然拿起夥伴帶來的麥克風，直接在菜市場裡對著大家宣講「爲什麼我要站出來罷免馬文君」，引來許多民眾好奇。殊不知前一晚，我才剛透過朋友介紹，在google meet線上認識「罷免馬文君的團隊」。

一切都在草創中摸索前進，有人嘲笑我們天眞，也有人擔心我們步入險境。的確，我們是政治素人，對很多事情一知半解，連風險都未能完全想淸楚。就只是基於一份單純愛臺灣的心，不希望中共利用親中的立委來分化、侵略臺灣，渴望爲下一代守住民主自由的國家。

因著這樣強烈的動機，我們開始聚集在一起，從不熟悉的陌生人，漸漸成爲擁有革命情感的戰友夥伴，過去幾個月，我和我最愛的夥伴們，經歷了一次又一次的困難，也一次又一次的奇蹟式跨越，一直走到今天。

## 一階送件引來風波

二月三日，我們正式向中選會送出了第一階段的連署書，好像作夢一般，連我們自己都不相信，更遑論馬文君立委本人了！但也就在這一天，我們經歷了路易莎咖啡埔里酒廠店驅離事件。大量新聞報導和政論節目的討論，讓我們瞬間成爲話題，也讓我感受到極大的壓力，其實我就是當時與酒廠幹部對話的人。過去幾天，我們坐在室外空間，跟一般消費者一樣，邊喝咖啡邊聊天，被動等待民眾以眼神示意連署收件，我也曾主動向店家確認並無造成困擾。網友的誤解和一些攻擊性的留言讓我非常痛苦，情緒久久不能平復。

四月二十六日，經歷驅離事件的三個月後，我意外有一個機會重新回到現場。當天，「臺灣公民陣線」與「經濟民主連合」舉辦了一個車宣活動，車隊遊行的起點正好就是路易莎咖啡埔里酒廠店。在等待集合的時候，一位民眾主動靠近我，問說能不能跟我拿連署書。

「當然可以，我還可以幫你寫喔！」

這位民眾說：「但是我的電腦和東西都還放在店裡，可以請你進去幫我寫嗎？」

「好啊，沒問題，我跟你進去。」

於是，我終於克服了心魔，再次踏進這家路易莎咖啡店，去到那位民眾的座位，協助他完成連署書填寫。完成後，喘了一口大氣，原本緊糾的心也算是鬆開了。

當遊行車隊開始前進的時候，我瞬間落淚了。許許多多不足爲外人道，如登大山般的困難，如排山倒海的壓力，莫名的誤解和攻擊，紛紛浮現腦中、湧上心頭。當我聽到Savungaz Valincinan（原民運動者）用麥克風宣布「已經有一萬五千個勇敢的南投人站出來連署，罷免不適任的立委」時，內心澎湃不已，因爲每一張連署書都得來不易，是多少位志工頂著烈日、雨天，一次又一次的路口舉牌，一家又一家的拜訪詢問，即使被誤會、辱罵，也沒有放棄。

是的，我們沒有放棄。

## 遭遇困難是爲了得到祝福

被酒廠驅離事件發生後，我們很快在網路上獲得友善店家——布望小館的溫暖回應，願意無償將店門口的騎樓借給我們，讓我們得以順利繼續連署行動。

另外，在第三市場租借到的攤位，雖然在開張前一天被意外中止，但是我們也因此得到友善民衆大方出借南昌街騎樓，成爲接下來最重要的固定連署站。

由於南投選區幅員廣大，選民特質與都市迥異，需要大量的實體宣傳，包括實體看板、家戶投單以及宣傳車來宣講，然而我們的志工人數與資源都十分有限，處境可謂四處碰壁，許多廠商、店家一聽到是罷免馬文君，都不敢接單。就在幾乎走投無路時，許美華及她的粉絲們適時出現，如及時雨般提供我們所需資源。一趟又一趟的宣傳車深入鄉間小路，向民衆傳達罷免的重要訊息。

四月九日中午，埔里中山路上的自然牙醫診所外牆上，終於掛出罷免馬文君的第一面看板。謝謝林彥璋醫師不畏壓力出面相挺，甚至將二樓空間免費提供給罷團使用，讓志工有了一個溫暖的「家」。

還有許許多多無法一一描述的情節，一次又一次地證明，我們所遭遇的困難，是爲了讓我們經歷更大的祝福。

## 你害怕的，我也會怕，不如我們一起勇敢

五月四日，我們在外界全然不看好的艱困情況下，排除萬難地送件了！那一天，我站在鏡頭前分享過去幾個月來的志工心情，瞬間成了大家口中勇敢的「南投阿美」。

一輩子從沒想過自己會走上公民運動的路，更沒想過開記者會、上政論節目，這一切都不在我的人生規畫中。回憶二月的酒廠事件，即使當時成爲全國話題，我仍在罷團夥伴的保護下選擇低調不曝光。

我常常問自己，我是眞的勇敢嗎？其實很多時候，我都處在害怕、焦慮之中。三月底，罷團舉辦大型宣講活動「油頭馬面歡送會」，我答應上臺宣講，卻對於要不要拿下口罩這件事思考了千遍以上。最後，我選擇拿下口罩，就像我在送件那天選擇站出來發言。因爲，我知道，不是只有我害怕。

罷團裡許多夥伴當初走上街頭，就是因爲害怕將來臺灣被中共統治，害怕我

們的下一代失去民主自由，所以大家義無反顧，全心投入。過去這段期間，我遇到許多渴望改變卻不敢連署的民眾，他們擔心被找麻煩、被針對，也擔心被鄰居、同事排擠，我看見他們眼神裡的害怕，備感心疼。

一次，一個朋友私訊我，說他和父母都想要連署，但是不方便來連署站。我說：「沒問題！我可以去你們家，幫你們完成連署。」他馬上緊張地告訴我：「不行！不能來我家！我家有很多人進進出出，被知道就完蛋了！」

還有一次，我到一個社區家訪，當地的阿嬤邀請我們去她平常去的活動中心認識她的朋友，跟大家分享關於長照預算被刪除的議題，結果社區理事長馬上過來阻止，甚至要求我們離開他的「地盤」。

眞的很難想像，在二十一世紀的臺灣，當我們行使《憲法》賦予我們的公民權利時，竟然會有這麼大的恐懼與不安伴隨而來。

## 追求公義，問心無愧

過去幾個月，我經常帶著孩子一起，不論是路口舉牌、街頭宣講或是家訪投單，甚至是設立行動連署車，我們都是一起行動。我也曾問他們，你們會怕嗎？如果媽媽被認出來怎麼辦？如果我們被攻擊怎麼辦？他們總是回答：「我們不怕！因爲媽媽在做對的事情！我們覺得很驕傲，不會害怕。」甚至有一次我們進行家訪時，被一位民眾瘋狂咆嘯，我整個人被嚇到崩潰大哭，孩子們卻能冷靜地出聲安慰我。

其實，我知道他們也會怕，不然就不會說出「希望媽媽在記者會上包得像木乃伊一樣」的童言童語。這幾個月，我們一起經歷了許多人情冷暖，經常有民眾投遞愛心食物，也有民眾對我們說出不友善的話語。每天睡前，我們會一起分享這些行動的點點滴滴，然後一起禱告，把我們心愛的國家交給神，希望大家都能快快樂樂生活在這個美麗的島嶼。

我想跟大家分享一段香港周冠威導演說過的話，他爲香港人拍下了《時代革命》，很多人勸他離開，但他選擇繼續留在香港。他說：「我不想輸給恐懼，不想輸給這個不公義的狀態……如果有一天我被拘捕了，我還是要讓自己問心無愧，留存這樣的自由在我心中，也因爲我是基督徒，這也是我的信仰。」

是的。我始終相信，神喜悅我們追求公義的事，所以即使害怕，我仍會繼續往前走，不後悔開啟這一趟奇幻的民主之旅。「因為神賜給我們不是膽怯的心，乃是剛強、仁愛、謹守的心。」——《提摩太後書》1:7

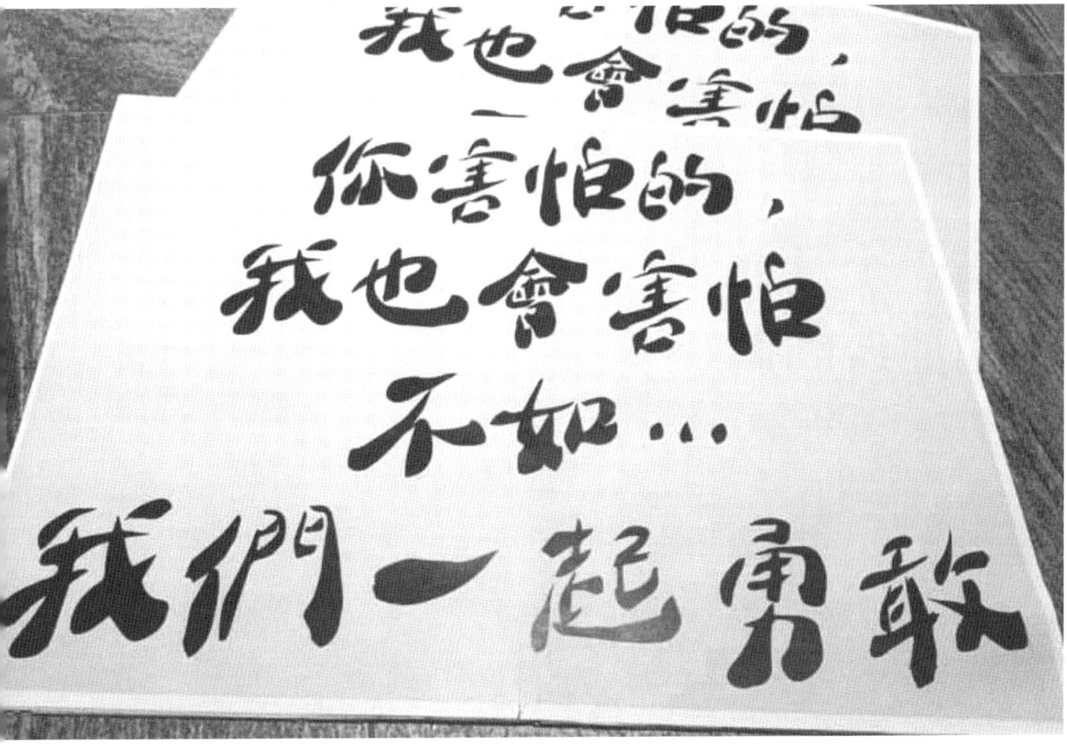
我也會害怕
你害怕的，
我也會害怕
不如…
我們一起勇敢

# 葉霸，不枉此生
# 花蓮罷傳的關鍵一扯

她連四問：「全世界有哪一個國家會霸凌臺灣？有哪一個國家會開飛機在臺灣領空飛來飛去要脅你？有哪一個國家的船在你周圍繞來繞去不停放話要封鎖你？有哪一個國家會用爛船破壞海底電纜？是可忍孰不可忍，誰對我們那麼壞？中共啊！我當他是敵人，是天經地義。」

受訪：葉春蓮
撰文：林清盛

罷免進入第三階段，連續幾天隻身揹著關東旗、掛著「同意罷免」等布標語的八十歲退休老師葉春蓮，身著無袖T恤、及膝牛仔褲，站在燠熱、小黑蚊肆虐的花蓮街頭，向行車與路人鞠躬，堪稱是大罷免浪潮中最美的風景之一。

傅崐萁惹到葉霸，眞的惹錯人了！

如果「大罷免，大成功」，全國齊聲最想罷免的是花蓮縣立委傅崐萁，在罷團志工中，「葉霸」葉春蓮老師應是老天爺聽到人民的吶喊，派來收拾傅崐萁的天命安排吧。

## 兇到出名的鐵血老師

在花蓮，幾乎無人不知、被稱爲「葉霸」的葉春蓮老師，不只是師鐸獎退休好老師這樣的等級，還是花蓮的師界傳奇，大家尊稱她「葉霸」，因爲不管多皮的學生對她都很敬畏。

即使沒被她教過，但每個花蓮在地人都知道葉霸。鐵血老師兇到出名，但嚴師出高徒，她的學生到現在講起她，都還是心存感念。

當那段葉春蓮老師被傅崐萁隨扈拖出會場的影片，在網路瘋傳後，葉霸的學生，還有許多花蓮人，都出聲聲援這位花蓮的傳奇老師。

「葉霸是我的國中導師，也是打我、陪伴我三年的導師。然而，隨著年紀與歷練的增長，當初的恐懼與埋怨都漸漸地沉澱，轉成理解與惕勵，感恩的部分有增無減。這次老師爲了對抗傅崐萁站出來，再次讓我看到她當年的霸氣。這次，我們會一起上，不讓老師一個人站前面。」

「我就是葉老師的學生，國中三年都是她帶的……好老師很多，但是葉霸老師找不到第二個。」

「雖然我不是念花崗，但葉霸的聲名遠播，連我都聽聞過她的威名！……給外地人跟沒有經過聯考的小朋友，講講『葉霸』這兩個字在花蓮的重量！」

## 一人都敢站在千人面前了

罷免勢頭風起雲湧的三月二日，國民黨立法院總召傅崐萁假花蓮縣中正體育館舉辦的植樹節活動，遭到被學生冠上「葉霸」名號的退休教師葉春蓮嗆聲。葉老師遭推拉至大門口，她用手頂住門扉，堅持不肯出館外。雙拳難敵四掌，瘦削的葉霸終究被幾個人拉扯出去。

影片流出，衆聲譁然，大衆無法認同何以如此粗暴對待長者？事後更得知她是令人景仰的花崗國中教師，也是全國第一屆師鐸獎得主的葉春蓮老師。過去被教過的學生不約而同地跳出來，在網路社群上聲援這位曾在自己國中階段既懼怕又敬重的生物老師。花蓮罷團也爲葉老師抱屈，說：「一人都敢站在千人面前了，年輕人我們還要怕什麼？」

傅崐萁誤判情勢，昔時霸氣不敵輿情，在事件喧騰兩日後，才遲遲出面致歉；先推說活動不是他主辦的，後說一切由他概括承受，一切到他傅崐萁為止。但對於葉霸直指他「通匪」，未做回應。

罷免傅崐萁運動，在葉霸事件的助燃之下，一路延燒，讓罷免傅崐萁的連署書成功通過第二階段，進入第三階段人民投票的最後關頭。回頭看，葉老師自己都說：「所有的巧合，怎麼會巧到這個樣子！」

## 不知道這件事會變成這麼大條

當天的巧合，得從她原本固定打球的時間與路線講起。這天，是她赴老人會館打球的日子，從學校生物教室走到花崗老人會館，會行經救國團、操場、中正體育館，目的地的老人會館，旁邊是中國國民黨花蓮縣黨部。老舊的縣黨部，陳設停留在七〇年代的老態龍鍾，顯露出傅崐萁在花蓮執政超過二十年，此處也沒因此受惠，相較於傅崐萁夫婦的九五至尊豪宅，更諷刺地對照出國民黨的凋敗頹圮。國民黨花蓮縣黨部是國民黨的不當黨產之一，長期違法占用國有地，直到二〇一七年才繳交租金。

葉老師回憶：「那天，我不知道這件事會變成這麼大條！」固定早上九點半經過體育館，跟固定桌球球友打球，先是見體育館前有許多人穿著各色團體、社團的背心，心想一定又是國民黨在動員，不少人手提裝著杜鵑花樹苗的紅白條塑膠袋，她想到正好可當課堂杜鵑花粉的素材，決定打完球再看看有無機會獲得。

## 「傅崐萁，你不要到處做壞事！」

說也奇怪，這天球友罕見地沒出現，她只好與不熟的球友切磋，但因不諳彼此的球路，加上體力也有差別，便提早草草結束。走回學校，發現館內館外仍有許多人，心想也許可以拿到樹苗，於是逕自走進體育館，先是遠遠看到前方的舞臺站著一排人，好奇心驅使下，不斷往前走。她說：「人老，沒有半點好處，就是比較敢。」不畏滿場的人群，走到舞臺前的第一排，才看清楚臺上站著的正是傅崐萁、徐榛蔚夫婦。心想怎麼這麼衰，火氣一時湧上。

巧合之二，正巧輪到傅崐萁發言，他一開口就罵民進黨，接著又罵賴清德，葉霸一聽更上火，認爲國家元首代表國家，也是一票一票選出來的，傅崐萁不應如此粗魯地謾罵賴清德，她說：「我再怎麼瞧不起馬英九，也不會像傅崐萁這樣公開數落他。」然而，葉老師可能不知，傅崐萁曾以崇禎皇帝暗酸馬英九。罵完賴清德，傅崐萁繼續罵沈伯洋，繼而話鋒一轉，開始講花東三法，她認爲傅崐萁所言皆不可行，根本是亂開支票！最後，就如在流出的影片中大家所看到的，只見她一人當關，萬夫莫敵，指著傅崐萁大罵：「傅崐萁，你不要到處做壞事！」

回憶當天情景，她表示：「不要到處做壞事！」是和國中生對話的用字，簡單易懂。小孩聽不聽得懂課堂上所講的，一看就知道，孩子若聽不下去，就會搗亂。她認為課堂上睡覺沒關係，但沒禮貌是不容許的，她說：「傅崐萁就是沒有禮貌的第一名，目中無人，言行舉止，一無可取。」講起傅崐萁，葉老師話匣子一開，很難停止，直言大罷免運動，「從頭到尾，從內到外，沒有半點尊重他。」正氣凜然的她，絲毫未懼。

## 傅崐萁講的每一句話都代表中共

花蓮政治二十多年始終為傅家把持，葉老師講起：「光是想傅崐萁為了讓太太做副縣長，辦假離婚，這種事情做得出來，就代表他低三下四。」看不起傅崐萁的她說：「立委、縣長輪流做，最後傅崐萁搞不清楚自己是縣長，還是立委。」荒謬至極。對她而言，更荒謬的是他可以在立法院呼風喚雨，其背後的魔手，直指中共，她說：「傅崐萁講的每一句話都代表中共。」

她感慨，在○四○三花蓮地震後，傅崐萁不在意災民與重建工作，四月二十六日竟率領十六位立委赴中國見中共政協王滬寧；回國後開始在立法院耀武揚威，一路擴權、自肥、毀憲，不可一世，直指傅崐萁可惡又邪惡。她希望民眾能看看昔日香港的消逝，也是從立法局鬆動開始。起初港人還想著五十年不變的承諾，鮮少人有警覺心。後來，港人發動一波波百萬人上街抗爭也沒用。而今，我們的立法院的表現不是重蹈覆徹？

## 「你動我的中央山脈看看！」

讓葉老師在數百人的會場指著傅崐萁大罵，並在場外說他是「不學無術，胸無點墨」，是因當天傅崐萁濫開支票，說花東三法將貫穿中央山脈，繁榮花蓮。年輕時候愛登山的她，山友包括同校老師、後來擔任當代藝術館館長的潘小雪，潘小雪形容她是「悍臺妹」，敢當眾罵傅崐萁。葉老師一一細數他登過的山，南湖、大霸尖山……，最後講到八通古道，那時玉山公園還沒開設，笑說，登山是爲了看高山野花，因教授生物的緣故，生活所見的平地花草已滿足不了她，登山是開足眼界，走進全然不同的境界。因此，一聽到傅崐萁說要開通國道六號，她怒說那是「開腸破肚」，動氣罵：「你動我的中央山脈看看！」

她的花崗同事中，還有一位知名度極高但未曾共事的人，就是作家陳列，當年她到花崗國中實習時，陳列已被逮入獄。見辦公室裡有張椅子，背面寫著「陳瑞麟」（陳列本名），她問其他老師這是何故，但時值白色恐怖時期，同事因忌諱而支支吾吾。追問下，才有老師吐實：「他被抓去關了。」當時陳列因爲在課堂上回答學生的一句話：「不可能反攻大陸。」於一九七二年被捕入獄。當年只是一句話就被判七年，陳列也不知是否能活著走出監獄。如今，葉老師口中「通匪」的傅崐萁，在立法院聯合中共，企圖顚覆國家，難怪她如此生氣，勇敢直言。

## 傅崐萁身邊的警察、隨扈是全世界最衰的人

後來在「石來運轉」的罷免活動上，一位看似二十多歲的年輕人跑來跟她說，是她錄下老師在舞臺前砲轟傅崐萁的。葉老師一聽，特別感謝說：「謝謝你，救了臺灣，你才是最重要的。」年輕人透露，自己生長在深藍家庭，不能站出來回應。葉老師不禁驚奇，「怎麼會巧到這個樣子！」球友未現身，她只是走向前就被推出來，還被錄影。

事件當天，她見幾人往她位置走來，沒有感到半點害怕，認爲現場這麼多人，能拿她如何？「我第一個動作就是把手舉起來，說『不要碰我！』。」她認爲旁邊的警察、隨扈是全世界最衰的人，必須站在傅崐萁的身邊，她不想責怪警察或隨扈，外界也無需責怪。更多的是同情，警察無法好好執行基本勤務。

「我心心念念要怎樣當一個老師。相信警察也是如此看待自己的工作。」

被趕出來，當下的念頭是：「我要怎樣不跌倒，不被推倒。」她連三七步都

站好了。提醒自己是走進去的，也要自己走出去。

言談間，心心念念的還是臺灣。臺灣是大家的，我們的民主得來不容易。一如她會到臺北，與曹興誠、李喬等人召開記者會時說的「辛苦弄來的民主」。

## 連四問，道出罷團志工心聲

對於通匪的傅崐萁，她連四問：「全世界有哪一個國家會霸凌臺灣？有哪一個國家會開飛機在臺灣領空飛來飛去要脅你？有哪一個國家的船在你周圍繞來繞去不停放話要封鎖你？有哪一個國家會用爛船破壞海底電纜？是可忍孰不可忍，誰對我們那麼壞？中共啊！我當他是敵人，是天經地義。」一句句，連珠炮的眞切質問，也是罷團志工們的心聲。

訪談最後，葉老師提及，感佩花蓮霸團志工們的努力與無私，若問最讓她尊敬的人是誰？她說：「出來簽連署的。」說他們是形形色色的人，認同並守護國家與臺灣民主，卻在花蓮得要克服恐懼，害怕傅崐萁們的清算報仇。

老師向挺進第三階段的花蓮人喊話：「你有你的考量和難處，連署過了，拜託出來投票，不要再怕了。下定決心要把傅崐萁拉下來！」只有我們花蓮人可以拉下傅崐萁。出來投同意罷免的花蓮人，是保護國家最最最最偉大的英雄。她連說四個「最」。

從青鳥運動，花蓮人因傅崐萁遭外縣市的人看輕、批評，甚至揚言不來花蓮觀光，第二階段連署書意外開出連志工們都非常驚訝的結果，看到花蓮人開始覺醒。螢幕前的「葉霸」，總是充滿活力，但受訪時得爬上二樓，見她有些吃力，想到她說：「若大罷免，大成功，她不枉此生。」一席肺腑之言，讓人除了感動，更是無比感佩。

拔傳
花蓮
鐵城宮
勅
拔傳成功

# 我們都在等，可以安心回家的那一天

每一份連署書，對我們來說，都像一張船票，能夠讓臺灣人安心回家。或是像一封情書，是每一位來連署者，一筆一筆地刻下他們對臺灣的愛。

這些罷免書，不是被隨意丟在信封裡，而是由人力親手一筆筆護送。有人在寒風中等待，只爲多收一張有效連署。

加拿大
山人教授
楓起來罷爆志工

離開臺灣整整三十三年了。在美國待了十三年，在加拿大近二十年；無論在哪個大學讀書或教書，我和許多海外臺灣人一樣，心裡仍深深繫念著那座孕養我們的島嶼——臺灣。

## 生爲臺灣人，存在卽是政治

也許很多人不認爲「生活卽政治」，不願意每天被抗議、對立的紛紛擾擾的新聞轟炸。下班後可以放鬆地與朋友或家人相聚，或是靜靜地一個人讀書、享受美食，把「政治」拋在腦後，多好！然而，身在海外的我和許多海外臺灣人，漸漸明白了一件事：我們的「臺灣人」身分，本身就是一種政治。

每一次出入境，我們都得機械式地說明：「不，我不需要簽證，我是臺灣人。」

每一次塡寫表格，都得申訴：「請你們在國籍選項裡加上臺灣。」

每一次交新朋友，都要重複強調：「我不是中國人，我是臺灣人。」

久而久之，我們明白了：身分從來不是理所當然，而是需要堅持與行動。因爲我們是臺灣人，存在卽是政治。

而現在，我們有一個小小的機會，可以改變世界怎麼看待我們，可以讓國際知道我們不是沉默的群體，而是一群有靈魂、有故事的人民。

這就是爲什麼我們在加拿大，開始了「楓起來罷爆」的行動。

## 臺灣人的默契：ㄌㄧㄢˊㄕㄨˇㄕㄨ

啟動「楓起來罷爆」的志工很有創意，爲了避開親中的小粉紅，用「乖乖」當暗號接頭，還會在包著空白連署書的文件夾上寫著注音「ㄌㄧㄢˊㄕㄨˇㄕㄨ」，讓懂的人自然會湊過來問：「欸，是那個罷免的連署書嗎？」

懂的就懂。臺灣人就是有這種默契。

因爲知道這場行動的敏感與風險，加拿大志工自發設計了一套又一套安全而機靈的接應方法。他們不是職業運動員，不是受薪的政治工作者，他們只是一群太愛臺灣的人，不想看她被踐踏。

每一份連署書，對我們來說，都像一張船票，能夠讓臺灣人安心回家。或是像一封情書，是每一位來連署者，一筆一筆地刻下他們對臺灣的愛。我們海外志工遇到不少人說自己好久沒寫中文了，卻一筆一畫練習，直到能完整塡完這份來自臺灣的責任。

這些罷免書，不是被隨意丟在信封裡，而是由人力親手一筆筆護送。有人從溫哥華搭乘三個半小時的交通工具，只爲抵達維多利亞大學去收幾份連署書；在卡加立或是路易斯湖的滑雪場旁，有人在寒風中等待，只爲多收一張有效連署。還有位空服員，還穿著制服、胸前掛著名牌，她跟志工說：「這是我從卡加利收回來的，我不要託別人，我想親手交給你們。」蒙特婁雖然臺灣人少，依然有志工特地從多倫多開車跑去收連署書。

## 絡繹於途：搭機護送連署書回臺

這些從加拿大各地一張一張收來的連署書，被認眞盤點後，最後由志工親自護送回臺灣。

二〇二五年四月初，數名多倫多的志工，陸續攜帶十五區的罷免連署書返臺。四月二十八日，一位志工從多倫多機場帶著三箱連署書（六百多份）登上凌晨航班。落地後，她不休息、不吃飯，直奔桃園的南崁教會。那晚下著大雨。她拖著行李，打給已經忙到深夜的牧師。五分鐘後，牧師冒雨趕到，什麼也沒說，只是低聲對她說：「辛苦了。」然後他們默默搬著一箱箱連署書上樓，驗收、拍照、分類。

四月二十九日午夜，我也扛著三百多份連署書從溫哥華出發，三十日凌晨五點多抵達桃園機場。在溫哥華機場，地勤人員告訴我登機行李箱過重，要求我用託運的；我拿出背包用背的，怎樣也不能讓連署書離開我的視線。

四月三十日，在臺灣立法院有一場記者會，我與另一名自加拿大多倫多返臺的志工，當場繳出我們護送回來的罷免書，這才彼此見面認識。記者會上，臺灣人對加拿大臺灣人連Ａ４紙張都不容易取得的印象應該特別深刻。

我們在太平洋彼端看著臺灣國會亂象而焦慮萬分的心，因爲參與了海外罷免志工的工作，而被安撫了下來。我們可以在立法院遞出我們的罷免連署書，更是讓所有參與的志工集體宣洩了對不適任立委的不滿。

## 因爲愛，我們穿越了風雪、時差與懷疑

有人說，罷免是仇恨的延續。但對我們來說，它是一份份來自五湖四海的溫

柔。

那是來自雪地裡的手寫字。是來自大草原上的一句：「我可以幫忙送件嗎？」是來自孩子嘴裡那一句天眞的：「她的袋子寫 Taiwan！」是媽媽牽著女兒，從城市另一頭趕來，只爲領取已塡妥地址的表格，好讓明天能再跑一趟，給朋友們簽名。是那位簽完連署書後，輕聲對志工說：「我從來沒簽過什麼重要的東西，這是我第一次爲臺灣寫下自己的名字。」是那位堅持天天來陪伴罷免志工，怕志工被欺負的瘦小的女孩，在最後一日走進夕陽的身影。

有人自掏腰包跑去溫哥華島；有人被騷擾到崩潰，只因爲他在做這件事；我就只能默默地每天午餐時間在學校咖啡店擺連署桌，期待期末考的臺灣學生們經過並願意連署，這樣做了十二天。之後，送罷免書回臺灣，被網路上的小草羞辱爲「沒師德的教授」，只能選擇封鎖那些無知的惡意。

志工們從來沒有放棄，因爲：沒有一個人收錢做這件事。沒有一個人收錢做

這件事。沒有一個人收錢做這件事。

在多倫多（Toronto）、蒙特婁（Montreal）、溫哥華（Vancouver）、卡加利（Calgary）、維多利亞（Victoria）、坎摩（Canmore），有一群你不認識的人，在爲臺灣奔走。他們的動力，不是仇恨，而是熱愛。

熱愛自由、熱愛家鄉、熱愛那個我們還能驕傲地說出「我是臺灣人」的世界。有人說：「我們不是英雄，我們只是太愛了，不想放棄。」

故事還沒結束，罷免仍在繼續，但有一件事我們已經確定：這些從加拿大出發的連署書，它們穿越了風雪、時差與懷疑，被一雙雙手接力，只爲送到你我所愛的土地上。只爲了不讓我們所愛的國家，被踐踏、被遺忘。

我們海外罷免志工想讓世界知道，臺灣人不是沉默的群體。

讓我們一起，讓臺灣不再被誤解、不再被消音。

臺灣，我們是你堅強的後盾。我們都在等那一天，安心回家的那一天。

# 來自亞利桑那鳳凰城的情書

「如果你覺得焦慮，那就行動吧！」

人與人之間的分享、衝突、自我解嘲的笑鬧，讓「虱目魚小隊」所有人，共同經歷了一次大型的心理諮商和自我療癒。這是屬於臺灣人獨有、只有臺灣人彼此才能理解的互動溫度。過程中的感動、快樂，與希望，取代了原本強烈的焦慮情緒。

美國AZ虱目魚
小隊志工

「很高興可以在海外遇到志同道合的臺灣朋友，一起爲國家貢獻心力，我愛臺灣！」——By B.

「民主與自由，是給下一代最好的祝福。」——By C.

「臺灣是我的根，不論身在何處，盡己微力，僅盼臺灣平安順遂。」——By E.

「很榮幸身在海外，還有機會爲國家盡一份力！」——By J.

「臺灣是我的家，因爲心有所愛，所以必須拚盡全力守護。」——By K.

「番薯毋驚落土爛，只求枝葉代代湠。愛惜每一張選票，堅守臺灣的民主自由，做下一代的番薯。」——By M.

## 國會亂象攪亂遊子心緒

幾個原本在臺灣互不相識的陌生人，一兩年前，爲了工作或課業緣故，攜家帶眷來到美國亞利桑那州鳳凰城。由於台積電在這裡設廠，使得這個沙漠城市，一夕之間與臺灣有了神奇緊密的連結。

初到異地，我們花了些時間適應，也得到不少幫助。到海外才會發現，那些在臺灣像呼吸般自然的生活方式與人情味是多麼可貴，政治又影響我們多麼深遠。感謝臺灣政府與美國當地僑界幫忙打下的基礎與協助，讓我們能在這裡順利適應新生活。

二〇二四年新國會開始運作後，讓我們這幾個原本不相識的陌生人聚在一起。也因爲好幾位成員跟臺南有很深的淵源，我們自稱「AZ虱目魚小隊」，表示思念家鄉的味道。

二〇二四年二月，臺灣立法院第十一屆立法委員上任後，我們看到藍白立委處處搞破壞的行爲模式，與中國相呼應，心中隱然感到不安。但身處異鄉，我們只能在課業與工作之餘，用有限的時間，透過社群媒體、YouTube 等管道，試圖多了解臺灣的狀況。當時滿眼皆是藍白立委各種不斷升級的誇張行徑，使用極具爭議的手段，強行通過各種對於政府與全民影響甚鉅又惡意滿滿的法案。那時每天回家的第一句話就是問：「今天藍白又做了什麼？」

接著，看到民進黨立委阻擋法案時，被咬、被打，沈伯洋從講臺上被推下，我們終於按耐不住焦慮，開始跟周邊熟識的朋友訴說，試圖讓更多同鄉關心臺灣正在發生的政治議題。

此時，臺灣開始出現「青鳥行動」，人在異鄉的我們每天守著網路關心國內狀況，在各大社群平臺幫忙轉發消息、筆戰，爲青島東路上的青鳥們加油，甚至爭先恐後地當課金公嬤。然而，惡法還是過通了。看著身邊還在歲月靜好的親朋好友，心中滿滿的無力感，只想仰天長歎，難道大家都不擔心臺灣的未來嗎？爲什麼還坐得住呢？眞的要忍到這批藍白立委任期屆滿嗎？幸而不久後，臺灣各地罷免團體如雨後春筍般出現，一階罷免連署人潮洶湧，在美國乾著急的我們，終於覺得臺灣有救了！

## 我們行動吧！AZ虱目魚小隊

隨著中選會公告一階罷免結果，正式進入困難的二階連署，看著海外連署點一個個啟動，亞利桑那州卻遲遲沒有消息，不禁緊張起來。我們開始私下詢問周遭親朋好友的連署意願。

二〇二五年三月下旬，原本只是寥寥數人私下成立的支持罷免小群組，漸漸有來自四面八方的陌生人不斷加入。大家在群組內討論是否要在鳳凰城成立海外志工罷團，幫助臺灣罷團收集亞利桑那州的連署書。

鳳凰城除了有在地的臺僑、留學生，更有一批隨著新興科技產業鏈前來的工程師及其家庭，這些新住民為數不少。若是努力爭取，應能為罷團增加不少連署書。

我們在群組內約定時間開籌備會議，會中確認哪些成員願意且有時間擔任志工，接著另外開設一個志工工作群組，大家一起爲團隊取了個臺灣味的名字「虱目魚小隊」。此時已近美國春假，連署書寄回臺灣又需要不少時日，算算時間，大約僅有一週的籌備時間，於是會議後大家立卽分工：收集臺灣各罷團連署書資料，規畫連署流程，印製連署書，規畫如何宣傳並設點連署。

考量到身在海外，寄回去的連署書沒有修正的空間，而且遠道而來的連署人，交通成本高，大概只會出現一次，爲了提高發送效率並降低連署錯誤，我們分別從三十五個罷團的官網下載了制式連署書電子檔與塡寫說明，並仔細確認格式。

此外，也需考量志工團隊收連署書的正當性，以及個資保管、寄送可能遺失的問題。我們開始陷入長考，該怎麼做才能既兼顧民衆個資安全，又不引發爭議呢？直接請連署民眾寄到美國其他州已被認證的罷團嗎？還是我們自己收集連署書之後再寄出呢？

基於對美國本地郵政系統的不信任，我們決定刪除「收集連署書之後、一包寄到美國本地認證罷團」的選項，直接推派代表聯繫「山除薇害」罷團，詢問認證事宜。感謝「虱目魚小隊」成員C和M，在春假帶著孩子放風與上課之餘，克服臺美十五個小時的時差，反覆與臺灣和美國的罷團志工聯繫溝通。最後，基於認證需要繳交證件影本的需求，我們決定不參加認證。爲了避免爭議，又希望能幫忙到罷免連署工作，經過取捨，我們選擇在鳳凰城用小蜜蜂出隊方式，於特定時間、地點，發送三十五區罷免藍委的連署書。對於認識與不認識的群體，採取兩種不同方式處理連署書寄送。

陌生朋友來領取連署書，我們僅提供連署書及保密信封袋，讓他們簽好後自行寄送。若是我們認識的親友，就直接請他們寫好連署書，放入保密信封袋彌封後，交給我們寄送給已經聯絡好的沈伯洋國會辦公室。

此外，爲了降低參與連署朋友收集資訊的成本，我們快速製作各種簡單圖表，整理了收件時間、建議寄送日期、三十五區罷團信箱地址及罷團官網等相關資訊，分享給在地社群。

印製連署書是個不小的工程，因爲美國慣用的紙張尺寸跟臺灣的Ａ４紙尺寸不同，印表機也不是家家都有。雖已經事先讓大家塡寫領取連署書的意願調查表，但還是會擔心有人直接到現場領取。爲了不讓想要領取連署書的朋友撲空，我們緊急上網訂購Ａ４紙、碳粉匣，列印全臺三十五個罷團的連署書，用掉好幾包Ａ４紙與碳粉匣，一度操壞雷射印表機感光鼓。在擔心趕不上小蜜蜂發放日期的焦慮之中趕工，終於在計畫啟動前印好兩組大全套連署書。

至於要如何宣傳、選擇小蜜蜂的出攤地點呢？我們的計畫是把人力分成內外場兩組，內場負責處理社群聯繫、線上問題回答、緊急加印連署書份數、滾動式通知領取連署書跟工作人員位置等工作；外場每二人一組，帶著大全套在現場等人上門。

由於我們不是罷團認證的志工，爲了辨識方便，於是想出了一些臺派才懂、較難取得的像是「尖叫雞」之類的辨識小信物，避免有人惡意冒名發送錯誤的連署書（後來發現大家很愛「尖叫雞」這些小物，顯然是讓人立刻聯想到某個政治人物，讓我們覺得很有趣）。選擇小蜜蜂的發放地點，則必須考量停車便利性，因此選擇星巴克、麥當勞或是咖啡廳當作連署書發放點，讓到場領取的朋友可以拿了就走，不會造成商家的困擾。

## 每發一份連署書，就是送出一顆種子

在克服種種前置作業的困難後，「AZ虱目魚小隊」發送連署書計畫終於開跑。剛開始發放時，不論是定點還是機動組，都遇到整個時段等不到人上門的冰冷情況。隨著社群內訊息不斷地流通、外擴，知道消息的人愈來愈多，來領取連署書的人也漸漸多起來。看著登記領取的人數不斷攀升，心中滿是喜悅。

爲求派發連署書數量最大化，除了白天小蜜蜂正常出動的時段外，爲了方便下班後才有時間領取的朋友，我們另外增設機動組，約在停車場面交。

隨著臺灣罷團收件截止時間迫近，爲了盡可能地擴大宣傳效果，我鼓起勇氣私訊拜託臺灣的美華姐幫忙在臉書宣傳，果然又引起了一波關注。

小蜜蜂出動期間，不時會有同在異鄉打拚的同胞，特地帶著飲料到發放點來爲我們打氣，也有人留下來一起聊聊天，討論臺灣政治局勢，分享自己宣傳罷免的經驗。甚至，有一對可愛的臺灣夫妻，從錢德勒（Chandler）開了六十多公里的車跑來拿連署書，寫完馬上坐飛機親送回臺灣交給罷團。

還有臺灣同鄉從圖森（Tucson）開車近兩百公里前來支援，又幫朋友帶走好幾份連署書，這麼大老遠跑一趟，我們生怕他們寫錯、連署書不夠用，又多塞好幾份給他們帶走。還有來到鳳凰城打拚的工程師們，心繫臺灣，特地來現場拿走多份連署書，說要拿給同事填寫。這些互動，撫平我們不少焦慮，也帶來很多溫暖。大罷免行動，讓我們再次感受到臺灣人獨有的溫度，以及網路體感與現實感動的落差。

當然，過程中也不乏衝突。

不意外，我們受到網路惡意攻擊，被指責不該將政治帶入社群，導致有些表態支持罷免的朋友被踢出群組；有些「廣義華人」甚至在索取連署書的表單上指責我們，把臺灣跟中國的「家事」帶到海外，攪得「華人世界不團結」，影響到其他華人的安危，希望我們可以把跟「大陸」的政治爭吵留在島內，最後還說：「家醜不可外揚。」讓我們既好氣又好笑。

爲期一週支援罷免的快閃行動，雖然發出的連署書份數不是很多，但是我們相信，一份份連署書，都是一顆顆的種子。最後，我們總共發出涵蓋三十五區、近百份空白連署書，親友委託寄送三十三份連署書。成功回收身邊親友的連署書後，我們打包送到快遞公司，錄影彌封後寄出，那種將連署書捧在手上、懸在心上的千斤重擔才稍微減輕。而擔心寄丟又希望早日寄達的急切心情，在收到沈伯洋辦公室拍照、回信確認收到後，才終於放下。

## 越洋罷免，公民真有力！

透過這次支援罷免的快閃行動，人與人之間的分享、衝突、自我解嘲的笑鬧，讓「虱目魚小隊」所有人，共同經歷了一次大型的心理諮商和自我療癒。這是屬於臺灣人獨有、只有臺灣人彼此才能理解的互動溫度。過程中的感動、快樂與希望，取代了原本強烈的焦慮情緒。所以我常在臺派社群中鼓勵某些焦慮的網友：「如果你覺得焦慮，那就行動吧！」

這次海外支援罷免行動的另一大收穫，是建構出新的同溫層，在異地認識了一群關心臺灣的好朋友。當臺灣人很辛苦，也很幸福，總是在絕望中看到希望，找到同伴，在跌倒中成長，但仍然能繼續茁壯。

經過太陽花、青鳥與大罷免行動的洗禮，我們相信臺灣會愈來愈好！看看大罷免後期，藍白立委偷偷撤回幾個法案，就知道大罷免治百病。民主就是要透過這樣一次次深化，才有機會喚醒更多人關心政治，理解自己手上每張選票所代表的價值與重量。我們不是民主富二代，喜見這麼多人願意站出來，不計得失，無私奉獻，共同爲大罷免努力。衆志成城，臺灣怎麼可能會沒有希望呢？

台灣獨立
I am Taiwanese. I stand for
Taiwan Independence.

# 120+ 萬封給臺灣的情書

主　　編｜古碧玲、許美華

**一卷文化**

社長暨總編輯｜馮季眉

責任編輯｜翁英傑

封面與內頁設計｜(a)step 一步工作室

排　　版｜陳麒名

出　　版｜一卷文化／遠足文化事業股份有限公司

發　　行｜遠足文化事業股份有限公司（讀書共和國出版集團）

地　　址｜231 新北市新店區民權路 108-2 號 9 樓

郵撥帳號｜19504465 遠足文化事業股份有限公司

電　　話｜(02)2218-1417

客服信箱｜service@bookrep.com.tw

法律顧問｜華洋法律事務所 蘇文生律師

印　　製｜中原造像股份有限公司

2025 年 7 月 初版一刷

定價｜450 元

書號｜2TNN0002

ISBN｜9786267686195（平裝）

ISBN｜9786267686171（EPUB）　9786267686188（PDF）

編輯過程中，承蒙支持大罷免的熱心人士及志工協助，才讓本書順利誕生。
由於編輯時間緊迫，若有任何疏漏，尚祈見諒。一卷文化編輯部全體同仁再次對所有曾經伸出援手，給予各種資源與協助的人士，致上最深的謝意。

本書照片來自以下諸位的攝影與提供，特此致謝：

沈君帆、黃子明、YAO-YU LIU、劉振祥、竹一徐欣瑩罷團新豐小隊、肯尼、Lydia、雅嵋、Yushan、投二「罷免游顥－去游除垢」罷團志工、All 罷馬團隊、南投阿美、山除薇害志工 Terry 、盧語築 Lulu Lu、中二顏寬恒罷團志工、苗栗國罷免立委連線 Ami、中二志工獸醫 Tina、劉哲瑋、亞利桑那鳳凰城虱目魚小隊